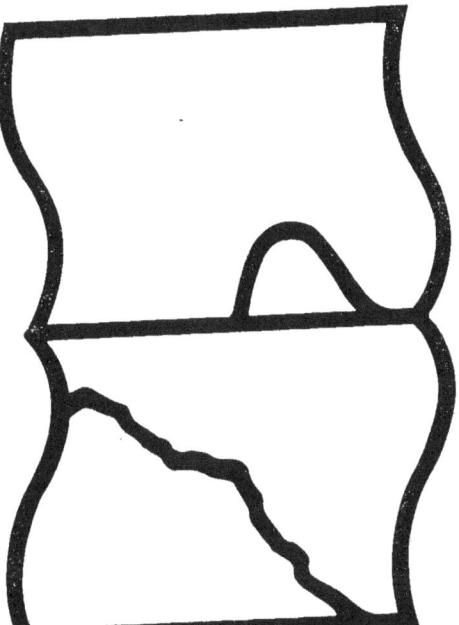

ILLUSTRATIONS PAR RIOU.

MADAME THÉRÈSE

OU

LES VOLONTAIRES DE 92

PAR

ERCKMANN-CHATRIAN

Le docteur Jacob Wagner.

Nous vivions dans une paix profonde au village d'Anstatt, au milieu des Vosges allemandes, mon oncle le docteur Jacob Wagner, sa vieille servante Lisbeth et moi. Depuis la mort de sa sœur Christine, l'oncle Jacob m'avait recueilli chez lui. J'approchais de mes dix ans; j'étais **blond**, rose et frais comme un ché- rubin. J'avais un bonnet de coton, une petite veste de velours brun, provenant d'une an- cienne culotte de mon oncle, des pantalons de toile grise et des sabots garnis au-dessus d'un flocon de laine. On m'appelait le petit Fritzel au village, et chaque soir, en rentrant de ses courses, l'oncle Jacob me faisait asseoir sur ses genoux pour m'apprendre à lire en français dans l'*Histoire naturelle* de M. de Buffon.

Il me semble encore être dans notre chambre basse, le plafond rayé de poutres enfumées. Je vois, à gauche, la petite porte de l'allée et l'armoire de chêne; à droite, l'alcôve fermée d'un rideau de serge verte; au fond, l'entrée de la cuisine, près du poêle de fonte aux grosses moulures représentant les douze mois de l'année, — le Cerf, les Poissons, le Capricorne, le Verseau, la Gerbe, etc., — et, du côté de la rue, les deux petites fenêtres qui regardent à travers les feuilles de vigne sur la place de la Fontaine.

Je vois aussi l'oncle Jacob, élancé, le front haut, surmonté de sa belle chevelure blonde dessinant ses larges tempes avec grâce, le nez légèrement aquilin, les yeux bleus, le menton arrondi, les lèvres tendres et bonnes. Il est en culotte de ratine noire, habit bleu de ciel à boutons de cuivre, et bottes molles à retroussis jaune clair, devant lesquelles pend un gland de soie. Assis dans son fauteuil de cuir, les bras sur le lit, il et le soleil fait trembloter l'ombre des feuilles de vigne sur sa figure un peu longue et hâlée par le grand air.

C'était un homme sentimental, amateur de la paix; il approchait de la quarantaine et passait pour être le meilleur médecin du pays. J'ai su depuis qu'il se plaisait à faire des théories sur la fraternité universelle, et que les paquets de livres que lui apportait de temps en temps le messager Fritz concernaient cet objet important.

Tout cela je le vois, sans oublier notre Lisbeth, une bonne vieille, souriante et ridée, en casaquin et jupe de toile bleue, qui file dans un coin; ni le chat Roller, qui rêve, assis sur sa queue, derrière le fourneau, ses gros yeux dorés ouverts dans l'ombre comme un hibou.

Il me semble que je n'ai qu'à traverser l'allée pour me glisser dans le fruitier aux bonnes odeurs, que je n'ai qu'à grimper l'escalier de bois de la cuisine pour monter dans ma chambre, où je lâchais les mésanges et le petit Hans Aden, le fils du sabotier, et moi, nous allions prendre à la pipée. Il y en avait de bleues et de vertes. La petite Elisa Meyer, la fille du bourgmestre, venait souvent les voir et m'en demander; et quand Hans Aden, Ludwig, Frantz Sépel, Karl Stenger et moi nous conduisions ensemble les vaches et les chèvres à la pâture, sur la côte du Birkenwald, elle s'accrochait toujours à ma veste en me disant:

« Fritzel, laisse-moi conduire votre vache.... ne me chasse pas! »

Et je lui donnais mon fouet; nous allions

faire du feu dans le gazon et cuire des pommes de terre sous la cendre.

Oh! le bon temps! Comme tout était calme, paisible autour de nous! Comme tout se faisait régulièrement! Jamais le moindre trouble : le lundi, le mardi, le mercredi, tous les jours de la semaine se suivaient exactement pareils.

Chaque jour on se levait à la même heure, on s'habillait, on s'asseyait devant la bonne soupe à la farine apprêtée par Lisbeth. L'oncle partait à cheval; moi, j'allais faire des trébuchets et des lacets pour les grives, les moineaux ou les verdiers, selon la saison.

A midi nous étions de retour. On mangeait du lard aux choux, des *noudels* ou des *knœpfels*. Puis j'allais pâturer, ou visiter mes lacets, ou bien me baigner dans la Queich quand il faisait chaud.

Le soir, j'avais bon appétit, l'oncle et Lisbeth aussi, et nous louions à table le Seigneur de ses grâces.

Tous les jours, vers la fin du souper, au moment où la nuit grisâtre commençait à s'étendre dans la salle, un pas lourd traversait l'allée, la porte s'ouvrait, et sur le seuil apparaissait un homme trapu, carré, large des épaules, coiffé d'un grand feutre, et qui disait:

« Bonsoir, monsieur le docteur.

— Asseyez-vous, *mauser* [*], répondait l'oncle. Lisbeth, ouvre la cuisine. »

Lisbeth poussait la porte, et la flamme rouge, dansant sur l'âtre, nous montrait le taupier en face de notre table, regardant de ses petits yeux gris ce que nous mangions. C'était une véritable mine de rat des champs : le nez long, la bouche petite, le menton rentrant, les oreilles droites, quatre poils de moustache jaunes, ébouriffés. Sa souquenille de toile grise lui descendait à peine au bas de l'échine; son grand gilet rouge, aux poches profondes, ballottait sur ses cuisses, et à ses énormes souliers, tout jaunes de glèbe, avaient de gros clous qui luisaient sur le devant, en forme de griffes, jusqu'au haut des épaisses semelles.

Le mauser pouvait avoir cinquante ans; ses cheveux grisonnaient, de grosses rides sillonnaient son front rougeâtre, et des sourcils blancs, à reflets d'or, lui tombaient jusque sur le globe de l'œil.

On le voyait toujours aux champs en train de poser ses attrapes, ou bien à la porte de son rucher à mi-côte, dans les bruyères du Birkenwald, avec son masque de fil de fer, ses grosses moufles de toile et sa grande cuiller tranchante pour dénicher le miel des ruches.

A la fin de l'automne, durant un mois, il

[*] Taupier.

quittait le village, son bissac en travers du dos, d'un côté le grand pot à miel, de l'autre la cire jaune en briques, qu'il allait vendre aux curés des environs pour faire des cierges.

Tel était le mauser.

Après avoir bien regardé sur la table, il disait :

« Ça, c'est du fromage… ça, ce sont des noisettes.

— Oui, répondait l'oncle ; a votre service.

— Merci ; j'aime mieux fumer une pipe maintenant. »

Alors il tirait de sa poche une pipe noire, garnie d'un couvercle de cuivre à petite chaînette. Il la bourrait avec soin, continuant de regarder, puis il entrait dans la cuisine, prenait une braise dans le creux de sa main calleuse, et la plaçait sur le tabac. Je crois encore le voir, avec sa mine de rat, le nez en l'air, tirer de grosses bouffées en face de l'âtre pourpre ; puis rentrer et s'asseoir dans l'ombre, au coin du fourneau, les jambes repliées.

En dehors des taupes et des abeilles, du miel et de la cire, le mauser avait encore une autre occupation grave : il prédisait l'avenir moyennant le passage des oiseaux, l'abondance des sauterelles et des chenilles, et certaines traditions inscrites dans un gros livre à couvercle de bois, qu'il avait hérité d'une vieille tante de Héming, et qui l'éclairait sur les choses futures.

Mais pour entamer le chapitre de ses prédictions, il lui fallait la présence de son ami Koffel, le menuisier, le tourneur, l'horloger, le tondeur de chiens, le guérisseur de bêtes, bref, le plus beau génie d'Anstatt et des environs.

Koffel faisait de tout : il rafistolait la vaisselle fêlée avec du fil de fer, il étamait les casseroles, il réparait les vieux meubles détraqués, il remettait l'orgue en bon état quand les flûtes ou les soufflets étaient dérangés ; l'oncle Jacob avait même dû lui défendre de redresser les jambes et les bras cassés, car il se sentait aussi du talent pour la médecine. Le mauser l'admirait beaucoup et disait quelquefois : « Quel dommage que Koffel n'ait pas étudié !… quel dommage ! » Et toutes les commères du pays le regardaient comme un être universel.

Mais tout cela ne faisait pas bouillir sa marmite, et le plus clair de ses ressources était encore d'aller couper de la choucroute en automne, son tiroir à rabots sur le dos en forme de hotte, criant de porte en porte : « Pas de choux ? pas de choux ? »

Voilà pourtant comment les grands esprits sont récompensés.

Koffel, petit, maigre, noir de barbe et de cheveux, le nez effilé, descendant tout droit en pointe comme le bec d'une sarcelle, ne tardait pas à paraître, les poings dans les poches de sa petite veste ronde, le bonnet de coton sur la nuque, la pointe entre les épaules, sa culotte et ses gros bas bleus, tachés de colle-forte, flottant sur ses jambes minces comme des fils d'archal, et ses savates découpées en plusieurs endroits pour faire place à ses oignons. Il entrait quelques instants après le mauser, et, s'avançant à petits pas, il disait d'un air grave :

« Bon appétit, monsieur le docteur.

— Si le cœur vous en dit ? répondait l'oncle.

— Bien des remerciments ; nous avons mangé ce soir de la salade ; c'est ce que j'aime le mieux. »

Après ces paroles, Koffel allait s'asseoir derrière le fourneau et ne bougeait pas jusqu'au moment où l'oncle disait :

« Allons, Lisbeth, allume la chandelle et lève la nappe. »

Alors, à son tour, l'oncle bourrait sa pipe et se rapprochait du fourneau. On se mettait à causer de la pluie et du beau temps, des récoltes, etc. ; le taupier avait posé tant d'attrapes pendant la journée, il avait détourné l'eau de tel pré durant l'orage ; ou bien il venait de retirer tant de miel de ses ruches ; ses abeilles devaient bientôt essaimer, elles formaient barbe, et d'avance le mauser préparait des paniers pour recevoir les jeunes.

Koffel, lui, ruminait toujours quelque invention ; il parlait de son horloge sans poids, où les douze apôtres devaient paraître au coup de midi, pendant que le coq chanterait et que la mort faucherait ; ou bien de sa charrue, qui devait marcher toute seule, ou la remontant comme une pendule, ou de telle autre découverte merveilleuse.

L'oncle écoutait gravement ; il approuvait d'un signe de tête, en rêvant à ses malades.

En été, les voisines, assises sur le banc de pierre, devant nos fenêtres ouvertes, s'entretenaient avec Lisbeth des choses de leurs ménages : l'une avait filé tant d'aunes de toile l'hiver dernier ; les poules d'une autre avaient pondu tant d'œufs dans la journée.

Moi, je profitais d'un bon moment pour courir à la forge de Klipfel, dont la flamme brillait de loin, dans la nuit, au bout du village. Hans Aden, Frantz Sépel et plusieurs autres s'y trouvaient déjà réunis. Nous regardions les étincelles partir comme des éclairs sous les coups de marteau ; nous sifflions au bruit de l'enclume. Se présentait-il une vieille rosse à ferrer, nous aidions à lui lever la jambe. Les plus vieux d'entre nous essayaient de fumer des feuilles de noyer, ce qui leur retournait l'estomac ; quelques autres se glorifiaient d'aller déjà tous les dimanches à la danse, c'étaient ceux de quinze à seize ans. Ils se plantaient le chapeau sur l'oreille et fumaient d'un air d'importance, les mains dans les poches.

Enfin, à dix heures, toute la bande se dispersait; chacun rentrait chez soi.

Ainsi se passaient les jours ordinaires de la semaine; mais les lundis et les vendredis l'oncle recevait la *Gazette de Francfort*, et ces jours-là les réunions étaient plus nombreuses à la maison. Outre le mauser et Koffel, nous voyions arriver notre bourgmestre Christian Meyer et M. Karolus Richter, le petit-fils d'un ancien valet du comte de Salm-Salm. Ni l'un ni l'autre ne voulait s'abonner à la gazette, mais ils aimaient d'en entendre la lecture pour rien.

Que de fois je me suis rappelé depuis notre gros bourgmestre aux oreilles écarlates, avec sa camisole de laine et son bonnet de coton blanc, assis dans le fauteuil, à la place ordinaire de l'oncle! Il semblait songer à des choses profondes; mais sa grande préoccupation était de retenir les nouvelles pour en faire part à sa femme, la vertueuse Barbara, qui gouvernait la commune sous son nom.

Et le grand Karolus donc, cette espèce de lévrier en habit de chasse et casquette de cuir bouilli, le plus grand usurier du pays, qui regardait tous les paysans du haut de sa grandeur, parce que son grand-père avait été laquais de Salm-Salm, qui s'imaginait vous faire des grâces en fumant votre tabac, et qui parlait sans cesse de parcs, de faisanderies, de grandes chasses à courre, des droits et des priviléges de monseigneur de Salm-Salm. Combien de fois je l'ai revu en rêve, allant, venant dans notre chambre basse, écoutant, fronçant le sourcil, plongeant tout à coup la main dans la grande poche de l'habit de l'oncle, pour lui prendre son paquet de tabac, bourrant sa pipe et l'allumant à la chandelle en disant :

« Permettez ! »

Oui, toutes ces choses, je les revois.

Pauvre oncle Jacob, qu'il était bonhomme de se laisser fumer son tabac, mais il n'y prenait pas même garde ; il lisait avec tant d'attention les nouvelles du jour. Les Républicains envahissaient le Palatinat, ils descendaient le Rhin, ils osaient regarder en face les trois électeurs, le roi Wilhelm de Prusse et l'empereur Joseph.

Tous les assistants s'étonnaient de leur audace.

M. Richter disait que cela ne pouvait durer, et que tous ces mauvais gueux seraient exterminés jusqu'au dernier.

L'oncle finissait toujours sa lecture par quelque réflexion judicieuse ; tout en repliant la gazette, il disait :

« Louons le Seigneur de vivre au milieu des bois, plutôt que dans les vignobles, dans la montagne aride, plutôt que dans la plaine féconde. Ces Républicains n'espèrent rien pouvoir happer ici ; voilà ce qui fait notre sécurité, nous pouvons dormir en paix sur les deux oreilles. Mais que d'autres sont exposés à leurs rapines ! Ces gens-là veulent tout par la force ; or, la force n'a jamais rien produit de bon. Ils nous parlent d'amour, d'égalité, de liberté, mais ils n'appliquent point ces principes ; ils se fient à leur bras et non à la justice de leur cause. Avant eux, et bien longtemps, d'autres sont venus pour délivrer le monde ; ceux-là ne frappaient point, ils n'immolaient point, ils périssaient par milliers, et furent représentés dans la suite des siècles par l'agneau que les loups dévorent. On aurait cru que de ces hommes il ne devait plus même rester un souvenir ; eh bien ! ils ont conquis le monde ; ils n'ont pas conquis la chair, mais ils ont conquis l'âme du genre humain, et l'âme, c'est tout !— Pourquoi ceux-ci ne suivent-ils pas le même exemple ? »

Aussitôt Karolus Richter s'écriait d'un air dédaigneux :

« Pourquoi ? C'est parce qu'ils se moquent bien des âmes, et qu'ils envient les puissants de la terre. Et d'abord, tous ces Républicains sont des athées, depuis le premier jusqu'au dernier, ils ne respectent ni le trône ni l'autel ; ils ont renversé des choses établies depuis l'origine des temps ; ils ne veulent plus de noblesse, comme si la noblesse n'était pas l'essence des choses sur la terre et dans le ciel, comme s'il n'était pas reconnu que, parmi les hommes, les uns naissent pour l'esclavage et les autres pour la domination, comme si l'on ne voyait pas cet ordre établi même dans la nature : les mousses sont sous l'herbe, l'herbe sous les buissons, les buissons sous les arbres, et les arbres sous la voûte céleste. De même, les paysans sont sous la bourgeoisie, la bourgeoisie sous la noblesse de robe, la noblesse de robe sous la noblesse d'épée, la noblesse d'épée sous le roi, et le roi sous le pape, représenté par ses cardinaux, ses archevêques et ses évêques. Voilà l'ordre naturel des choses.

« On aura beau faire, jamais un chardon ne pourra s'élever à la hauteur d'un chêne, et jamais un paysan ne pourra tenir le glaive, comme un descendant de l'illustre race des guerriers.

« Ces Républicains ont obtenu quelques succès éphémères, à cause de la surprise qu'ils ont causée à l'univers par leur audace vraiment incroyable et leur absence de sens commun. En niant toutes les doctrines et tous les principes établis, ils ont frappé les gens raisonnables de stupéfaction; c'est là l'unique cause de ces bouleversements. De même qu'il arrive quelquefois de voir un bœuf et même un taureau s'arrêter tout à coup et s'enfuir à la vue d'un rat qui sort subitement de dessous terre et se dresse devant lui, de même nous voyons nos soldats étonnés et même déroutés par une semblable audace. Mais tout cela ne peut durer longtemps, et la première surprise une fois passée, je suis bien sûr que nos vieux généraux de la guerre de Sept ans battront ce ramassis de va-nu-pieds à plate couture, et qu'il n'en rentrera pas un seul dans leur malheureux pays ! »

Ayant dit cela, M. Karolus rallumait sa pipe et continuait à se promener de long en large, les mains derrière le dos, d'un air satisfait de lui-même.

Tous les autres réfléchissaient à ce qu'ils venaient d'entendre, et le mauser prenait enfin la parole à son tour.

« Tout ce qui doit arriver arrive, faisait-il. Puisque ces Républicains ont chassé leurs seigneurs et leurs religieux, c'était écrit au ciel depuis le commencement des temps : Dieu l'a voulu! Maintenant, de savoir s'ils reviendront, cela dépend de ce que le Seigneur Dieu voudra; s'il veut ressusciter les morts, cela dépend de lui. Mais l'année dernière, comme je regardais travailler mes abeilles, je vis que tout à coup ces petits êtres, doux et même jolis, se mettaient à tomber sur les frelons, à les piquer et à les traîner hors de la ruche. Cela revient tous les ans. Ces frelons font les jeunes et les abeilles les entretiennent tant que la ruche a besoin d'eux; mais ensuite elles les tuent : c'est quelque chose d'abominable, et pourtant c'est écrit ! — En voyant cela, je pensais à ces Républicains : ils sont en train de tuer leurs frelons; mais soyez tranquilles, on ne peut jamais se passer d'eux; il en reviendra d'autres; il faudra les remplumer et les nourrir; après cela les abeilles se fâcheront encore et les tueront par centaines. On croira que tout est fini, mais il en reviendra d'autres... ainsi de suite; il en faut... il en faut !... »

Le mauser alors hochait la tête, et M. Karolus, s'arrêtant au milieu de la chambre, s'écriait

« Qu'est-ce que vous appelez frelons? Les vrais frelons sont les orgueilleux vermisseaux qui se croient capables de tout, et non les seigneurs et les religieux. »

— Sauf votre respect, monsieur Richter, faisait le mauser, les frelons sont ceux qui ne veulent rien faire et jouir de tout; ceux qui, sans rendre aucun service que de bourdonner autour de la reine, veulent qu'on les entretienne grassement. On les entretient. Mais finalement, il est écrit qu'on les jette dehors. C'est arrivé mille et mille fois, et cela ne peut manquer d'arriver toujours. Les abeilles travailleuses, pleines d'ordre et d'économie, ne peuvent nourrir des êtres propres à rien. C'est malheureux, c'est triste, mais voilà : quand on fait du miel, on aime à le garder pour soi.

—Vous êtes un jacobin ! s'écriait Karolus indigné.

—Non, au contraire, je suis un bourgeois d'Anstatt, taupier et éleveur d'abeilles; j'aime mon pays autant que vous; je me sacrifierais pour lui, peut-être plutôt que vous. Mais je suis bien forcé de dire que les vrais frelons sont ceux qui ne font rien, et que les abeilles sont celles qui travaillent, puisque je l'ai vu cent fois.

—Ah! s'écriait Karolus Richter, je parierais que Koffel a les mêmes idées que vous ! »

Alors le petit menuisier, qui n'avait rien dit, répondait en clignant de l'œil :

« Monsieur Karolus, si j'avais le bonheur d'être le petit-fils d'un domestique de Yéri-Péter ou de Salm-Salm, et si j'en avais hérité de grands biens, qui m'entretiendraient dans l'abondance et la paresse, alors je dirais que les frelons sont les travailleurs et les abeilles les fainéants. Mais de la façon dont je suis, j'ai besoin de tout le monde pour vivre, et je ne dis rien. Je me tais. Seulement je pense que chacun devrait obtenir ce qu'il mérite par son travail.

— Mes chers amis, reprenait alors l'oncle gravement, ne parlons pas de ces choses, car nous ne pourrions nous entendre. La paix! la paix! voilà ce qu'il nous faut. C'est la paix qui fait prospérer les hommes et qui remet tous les êtres à leur place véritable. Par la guerre, on voit les mauvais instincts prévaloir : le meurtre, la rapine et le reste. Aussi tous les hommes de mauvaise vie aiment la guerre; c'est le seul moyen pour eux de paraître quelque chose. En temps de paix, ils ne seraient rien; on verrait trop facilement que leurs pensées, leurs inventions et leurs désirs se rapportent à de pauvres génies. L'homme a été créé par Dieu pour la paix, pour le travail, l'amour de sa famille et de ses semblables. Or, puisque la guerre va contre tout cela, c'est un véritable fléau. Maintenant, voici dix heures qui sonnent, nous pourrions nous disputer jusqu'à demain sans nous entendre davantage. Je propose donc d'aller nous coucher. »

Tout le monde se levait alors, et le bourgmestre, appuyant ses deux gros poings aux bras de son fauteuil, s'écriait :

« Fasse le ciel que ni les Républicains, ni les Prussiens, ni les Impériaux ne passent par ici, car tous ces gens ont faim et soif! Et comme il est plus agréable de boire son vin soi-même que de le voir avaler par les autres, j'aime beaucoup mieux apprendre ces choses par la gazette que d'en jouir par mes propres yeux. Voilà ce que je pense. »

Sur cette réflexion, il s'acheminait vers la porte; les autres le suivaient.

« Bonne nuit! criait l'oncle.

— Bonsoir! » répondait le mauser en s'éloignant dans la rue sombre.

La porte se refermait, et l'oncle soucieux me disait :

« Allons, Fritzel, tâche de bien dormir.

— Pareillement, mon oncle, » lui répondais-je.

Lisbeth et moi nous montions l'escalier.

Un quart d'heure après, le plus profond silence régnait dans la maison.

II

Or, un vendredi soir du mois de novembre 1793, Lisbeth, après le souper, pétrissait la pâte pour cuire le pain du ménage, selon son habitude. Comme il devait en résulter aussi de la galette et de la tarte aux pommes, je me tenais près d'elle dans la cuisine, et je la contemplais en me livrant aux réflexions les plus agréables.

La pâte faite, on y mit la levure de bière, on gratta le pétrin tout autour, et l'on étendit dessus une grosse couverture en plumes pour laisser fermenter. Après quoi Lisbeth répandit les braises de l'âtre à l'intérieur du four, et poussa dans le fond, avec la perche, trois gros fagots secs qui se mirent à flamboyer sous la voûte sombre. Enfin, le feu bien allumé, elle plaça la plaque de tôle devant la bouche du four, et me dit :

« Maintenant, Fritzel, allons nous coucher; demain, quand tu te lèveras, il y aura de la tarte. »

Nous montâmes donc dans nos chambres. L'oncle Jacob ronflait depuis une heure au fond de son alcôve. Je me couchai, rêvant de bonnes choses, et ne tardai point à m'endormir comme un bienheureux.

Cela durait depuis assez longtemps, mais il faisait encore nuit, et la lune brillait en face de ma petite fenêtre, lorsque je fus éveillé par un tumulte étrange. On aurait dit que tout le village était en l'air : les portes s'ouvraient et se refermaient au loin, une foule de pas traversaient les mares boueuses de la rue. En même temps j'entendais aller et venir dans notre maison, et des reflets pourpres miroitaient sur mes vitres.

Qu'on se figure mon épouvante.

Après avoir écouté, je me levai doucement et j'ouvris une fenêtre. Toute la rue était pleine de monde, et non-seulement la rue, mais encore les petits jardins et les ruelles aux environs : rien que de grands gaillards, coiffés d'immenses chapeaux à cornes, revêtus de longs habits bleus à parements rouges, — de larges baudriers blancs en travers, — et la grande queue pendant sur le dos, sans parler des sabres et des gibernes qui leur ballottaient au bas des reins, et que je voyais pour la première fois. Ils avaient mis leurs fusils en faisceaux devant notre grange; deux sentinelles se promenaient autour; les autres entraient dans les maisons comme chez eux.

Au coin de l'écurie trois chevaux piaffaient. Plus loin, devant la boucherie de Sépel, de l'autre côté de la place, aux crocs du mur où l'on écorchait les veaux, était pendu tout un bœuf, à la lueur d'un grand feu qui montait et descendait, illuminant la place; sa tête et son dos traînaient à terre. Un de ces hommes, les manches de sa chemise retroussées autour de ses bras musculeux, le dépouillait; il l'avait fendu du haut en bas; les entrailles bleues coulaient sur la boue avec le sang. La figure de cet homme, avec son cou nu et sa tignasse, était terrible à voir.

Je compris aussitôt que les Républicains avaient surpris le village, et, tout en m'habillant, j'invoquai le secours de l'empereur Joseph, dont M. Karolus Richter parlait si souvent.

Les Français étaient arrivés durant notre premier sommeil, et depuis deux heures au moins, car lorsque je me penchai pour descendre, j'en vis trois, également nus de chemises comme le boucher, qui retiraient le pain de notre four avec notre pelle. Ils avaient épargné la peine de cuire à Lisbeth, comme l'autre avait épargné la peine de tuer à Sépel. Ces gens savaient tout faire, rien ne les embarrassait.

Lisbeth, assise dans un coin, les mains croisées sur les genoux, les regardait d'un air assez paisible; sa première frayeur était passée. Elle me vit au haut de la rampe, et s'écria :

« Fritzel, descends... ils ne te feront pas de mal ! »

Alors je descendis, et ces hommes continuèrent leur ouvrage sans s'inquiéter de moi. La porte de l'allée à gauche était ouverte, et je voyais dans le fruitier deux autres Républicains en train de brasser la pâte d'une seconde ou d'une troisième fournée. Enfin, à droite, par la porte de la salle entrebâillée, je voyais l'oncle Jacob assis près de la table, sur une chaise, tandis qu'un homme vigoureux, à gros favoris roux, le nez court et rond, les sourcils saillants, les oreilles écartées de la tête et la tignasse couleur de chanvre, grosse comme le bras, pendant entre les deux épaules, était installé dans le fauteuil et déchiquetait un de nos jambons avec appétit. On ne voyait que ses gros poings bruns aller et venir, la fourchette dans l'un, le couteau dans l'autre, et ses grosses joues musculeuses trembloter. De temps en temps, il prenait le verre, levait le coude, buvait un bon coup et poursuivait.

Il avait des épaulettes couleur de plomb, un grand sabre à fourreau de cuir, dont la coquille remontait derrière son coude, et des bottes tellement couvertes de boue, qu'on ne voyait plus que la glèbe jaune qui commençait à sécher. Son chapeau, posé sur le buffet, laissait pendre un bouquet de plumes rouges, qui s'agitaient au courant d'air, car, malgré le froid, les fenêtres restaient ouvertes; une sentinelle passait derrière, l'arme au bras, et s'arrêtait de temps en temps pour jeter un coup d'œil sur la table.

Tout en déchiquetant, l'homme aux gros favoris parlait d'une voix brusque :

« Ainsi, tu es médecin? disait-il à l'oncle.

—Oui, monsieur le commandant.

—Appelle-moi « commandant » tout court, ou « citoyen commandant, » je te l'ai déjà dit; les « monsieur » et les « madame » sont passés de mode. Mais, pour en revenir à nos moutons, tu dois connaître le pays; un médecin de campagne est toujours sur les quatre chemins. A combien sommes-nous de Kaiserslautern?

—A sept lieues, commandant.

—Et de Pirmasens?

—A huit environ.

—Et de Landau?

—Je crois à cinq bonnes lieues.

—Je crois... à peu près... environ... est-ce ainsi qu'un homme du pays doit parler? Écoute, tu m'as l'air d'avoir peur; tu crains que, si les habits blancs passent par ici, on ne te pende pour les renseignements que tu m'auras donnés. Ôte-toi cette idée de la tête : la République française te protège. »

Et regardant l'oncle en face, de ses yeux gris:

« A la santé de la République une et indivisible ! » fit-il en levant son verre.

Ils trinquèrent ensemble, et l'oncle, tout pâle, but à la République.

« Ah ça, reprit l'autre, est-ce qu'on n'a pas vu d'Autrichiens par ici?

—Non, commandant.

—En es-tu bien sûr? Voyons, regarde-moi donc en face.

—Je n'en ai pas vu.

—Est-ce que tu n'aurais pas fait un tour à Réethal ces jours derniers ? »

L'oncle avait été trois jours avant à Réethâl; il crut le commandant informé par quelqu'un du village, et répondit :

« Oui, commandant.

—Ah !—Et il n'y avait pas d'Autrichiens?

—Non ! »

Le républicain vida son verre, en jetant un coup d'œil oblique sur l'oncle Jacob; puis il étendit le bras et le prit au poignet d'un air étrange.

« Tu dis que non ?

—Oui, commandant.

—Eh bien, tu mens ! »

Et, d'une voix lente, il ajouta :

« Nous ne pendons pas, nous autres, mais nous fusillons quelquefois ceux qui nous trompent ! »

La figure de l'oncle devint encore plus pâle. Cependant, d'un ton assez ferme et la tête haute, il répéta :

« Commandant, je vous affirme sur l'honneur qu'il n'y avait pas d'Impériaux à Réethâl il y a trois jours.

—Et moi, s'écria le républicain, dont les petits yeux gris brillaient sous ses épais sourcils fauves, je te dis qu'il y en avait. Est-ce clair ? »

Il y eut un silence. Tous ceux de la cuisine s'étaient retournés; la mine du commandant n'était pas rassurante. Moi, je me mis à pleurer, j'entrai même dans la chambre, comme pour secourir l'oncle Jacob, et je me plaçai derrière lui. Le républicain nous regardait tous deux les sourcils froncés, ce qui ne l'empêchait pas d'avaler encore une bouchée de jambon, comme pour se donner le temps de réfléchir. Dehors, Lisbeth sanglotait tout haut.

« Commandant, reprit l'oncle avec fermeté, vous ignorez peut-être qu'il y a deux Réethâl, l'un du côté de Kaiserslautern, l'autre sur la Queich, à trois petites lieues de Landau. Les Autrichiens étaient peut-être là-bas; mais de ce côté, mercredi soir, on n'en avait pas encore vu.

—Ça, dit le commandant en mauvais allemand lorrain, avec un sourire goguenard, ce n'est pas trop bête. Mais nous autres, entre Bitche et Sarreguemines, nous sommes aussi fins que vous. A moins que tu ne me prouves qu'il y a deux Réethâl, je ne te cache pas que mon devoir est de te faire arrêter et juger par un conseil de guerre.

—Commandant, s'écria l'oncle en étendant

« Est-ce qu'on n'a pas vu d'Autrichiens par ici ? » (Page 7.)

le bras, la preuve qu'il y a deux Réethâl, c'est qu'on les voit sur toutes les cartes du pays. »

Il montrait notre vieille carte accrochée au mur.

Alors le républicain se retourna dans son fauteuil et regarda en disant :

« Ah ! c'est une carte du pays ? Voyons un peu. »

L'oncle alla prendre la carte et l'étendit sur la table, en montrant les deux villages.

« C'est juste, dit le commandant, à la bonne heure ; moi je ne demande pas mieux que de voir clair ! »

Il s'était posé les deux coudes sur la table, et sa grosse tête entre les mains, il regardait.

« Tiens, tiens, c'est fameux, cela ! disait-il. D'où vient cette carte ?

—C'est mon père qui l'a faite ; il était géomètre. »

Le républicain souriait.

« Oui, les bois, les rivières, les chemins, tout est marqué, disait-il ; je reconnais ça... nous avons passé là... c'est bon... c'est très-bon ! »

Et se redressant :

« Tu ne te sers pas de cette carte, citoyen docteur, fit-il en allemand ; moi, j'en ai besoin et je la mets en réquisition pour le service de la République. Allons, allons, réparation d'honneur ! Nous allons boire encore un coup pour cimenter les fêtes de la Concorde. »

On pense avec quel empressement Lisbeth descendit à la cave chercher une autre bouteille.

L'oncle Jacob avait repris son assurance. Le

Madame Thérèse. (Page 10.)

commandant, qui me regardait alors, lui demanda :

« C'est ton fils ?

—Non, c'est mon neveu.

—Un petit gaillard solidement bâti. Quand je l'ai vu tout à l'heure arriver à ton secours, cela m'a fait plaisir. Allons, approche, » dit-il en m'attirant par le bras.

Il me passa la main dans les cheveux, et dit d'une voix un peu rude, mais bonne tout de même :

« Élève ce garçon-là dans l'amour des droits de l'homme. Au lieu de garder les vaches, il peut devenir commandant ou général comme un autre. Maintenant toutes les portes sont ouvertes, toutes les places sont à prendre ; il ne faut que u cœur et de la chance pour réussir.

Moi, tel que tu me vois, je suis le fils d'un forgeron de Sarreguemines ; sans la République, je taperais encore sur l'enclume ; notre grand flandrin de comte, qui est avec les habits blancs, serait un aigle par la grâce de Dieu, et moi je serais un âne ; au lieu que c'est tout le contraire par la grâce de la Révolution. »

Il vida brusquement son verre, et fermant à demi les yeux avec finesse :

« Ça fait une petite différence, » dit-il.

A côté du jambon se trouvait une de nos galettes, que les Républicains avaient cuites d'abord avec la première fournée ; de commandant m'en coupa un morceau.

« Avale-moi ça hardiment, dit-il tout à fait de bonne humeur, et tâche de devenir un homme ! »

2

Puis se tournant vers la cuisine :

« Sergent Laflèche! » s'écria-t-il de sa voix de tonnerre.

Un vieux sergent à moustaches grises, sec comme un hareng saur, parut sur le seuil.

« Combien de miches, sergent ?

—Quarante.

—Dans une heure il nous en faut cinquante; avec nos dix fours, cinq cents : trois livres de pain par homme. »

Le sergent rentra dans la cuisine.

L'oncle et moi, nous observions tout cela sans bouger.

Le commandant s'accouda de nouveau sur la carte, la tête entre les mains.

Le jour grisâtre commençait à poindre dehors ; on voyait l'ombre de la sentinelle se promener l'arme au bras devant nos fenêtres. Une sorte de silence s'était établi; bon nombre de Républicains dormaient sans doute, la tête sur le sac, autour des grands feux qu'ils avaient allumés, d'autres dans les maisons. La pendule allait lentement, le feu pétillait toujours dans la cuisine.

Cela durait depuis quelques instants, lorsqu'un grand bruit s'éleva dans la rue ; des vitres sautèrent, une porte s'ouvrit avec fracas, et notre voisin, Joseph Spick, le cabaretier, se mit à crier :

« Au secours! au feu ! »

Mais personne ne bougeait dans le village ; chacun était bien content de se tenir tranquille chez soi. Le commandant écoutait.

« Sergent Laflèche! » dit-il.

Le sergent était allé voir, il ne parut qu'au bout d'un instant.

« Qu'est-ce qui se passe? lui demanda le commandant.

—C'est un aristocrate de cabaretier qui refuse d'obtempérer aux réquisitions de la citoyenne Thérèse, répondit le sergent d'un air grave.

—Eh bien! qu'on me l'amène. »

Le sergent sortit.

Deux minutes après, notre allée se remplissait de monde; la porte se rouvrit, et Joseph Spick, avec sa petite veste, son grand pantalon de toile et son bonnet de laine frisée, parut sur le seuil, entre quatre soldats de la République l'arme au bras, la figure jaune comme du pain d'épice, les chapeaux usés, les coudes troués, de larges pièces aux genoux, et les souliers en loques, recousus avec de la ficelle; ce qui ne les empêchait pas de se redresser et d'être fiers comme des rois.

Joseph, les mains dans les poches de sa veste, le dos rond, le front plat et les joues pendantes, ne se tenait plus sur ses longues jambes; il regardait à terre comme effaré.

Derrière, dans l'ombre, se voyait la tête d'une femme pâle et maigre, qui attira tout de suite mon attention ; elle avait le front haut, le nez droit, le menton allongé et les cheveux d'un noir bleuâtre. Ces cheveux lui descendaient en larges bandeaux sur les joues et se relevaient en tresses derrière les oreilles, de sorte que sa figure, dont on ne voyait que la face sans les côtés, semblait extrêmement longue. Ses yeux étaient grands et noirs. Elle portait un chapeau de feutre à cocarde tricolore, et par-dessus le chapeau, un mouchoir rouge lié sous le menton. Comme je n'avais vu jusqu'alors dans notre pays que des femmes blondes ou brunes, celle-ci me produisit un effet d'étonnement et d'admiration extraordinaire, tout jeune que j'étais; je la regardais ébahi; l'oncle ne me paraissait pas moins étonné que moi, et quand elle entra, suivie de cinq ou six autres Républicains habillés comme les premiers, durant tout le temps qu'elle fut là, nous ne la quittâmes pas des yeux.

Une fois dans la chambre, nous vîmes qu'elle avait un grand manteau de drap bleu, à triple collet tombant jusqu'au-dessous des coudes, un petit tonneau, dont le cordon lui passait en sautoir sur l'épaule; enfin, autour du cou, une grosse cravate de soie noire à longues franges, quelque butin de la guerre sans doute, et qui relevait encore la beauté de sa tête calme et fière.

Le commandant attendait que tout le monde fût entré, regardant surtout Joseph Spick, qui semblait plus mort que vif. Puis, s'adressant à la femme, qui venait de relever son chapeau d'un mouvement de tête :

« Eh bien, Thérèse, fit-il, qu'est-ce qui se passe?

—Vous savez, commandant, qu'à la dernière étape je n'avais plus une goutte d'eau-de-vie, dit-elle d'un ton ferme et net; mon premier soin, en arrivant, fut de courir par tout le village pour en trouver, en la payant, bien entendu. Mais les gens cachent tout, et depuis une demi-heure seulement, j'ai découvert la branche de sapin à la porte de cet homme. Le caporal Merlot, le fusilier Cincinnatus et le tambour-maître Horatius Coclès me suivaient pour m'aider. Nous entrons, nous demandons du vin, de l'eau-de-vie, n'importe quoi ; mais le *kaiserlick* n'avait rien, il ne comprenait pas, il faisait le sourd. On se met donc à chercher, à regarder dans tous les coins, et finalement nous trouvons l'entrée de la cave au fond d'un bûcher, dans la cour, derrière un tas de fagots qu'il avait mis devant.

» Nous aurions pu nous fâcher ; au lieu de

cela, nous descendons et nous trouvons du vin, du lard, de la choucroute, de l'eau-de-vie; nous remplissons nos tonneaux, nous prenons du lard, et puis nous remontons sans esclandre. Mais, en nous voyant revenir chargés, cet homme, qui se tenait tranquillement dans la chambre, se mit à crier comme un aveugle, et au lieu d'accepter mes assignats, il les déchira et me prit par le bras en me secouant de toutes ses forces. Cincinnatus ayant déposé sa charge sur la table, prit ce grand flandrin au collet et le jeta contre la fenêtre de sa baraque. C'est alors que le sergent Laflèche est arrivé. Voilà tout, commandant. »

Quand cette femme eut parlé de la sorte, elle se retira derrière les autres, et tout aussitôt un petit homme sec, maigre et brusque, dont le chapeau penchait sur l'oreille, et qui tenait sous son bras une longue canne à pomme de cuivre en forme d'oignon, s'avança et dit :

« Commandant, ce que la citoyenne Thérèse vient de vous communiquer, c'est l'indignation de la mauvaise foi, que tout chacun aurait eue de se trouver nez à nez avec un *kaiserlick* dépourvu de tout sentiment civique, et qui se propose...

—C'est bon, interrompit le commandant, la parole de la citoyenne Thérèse me suffit! »

Et s'adressant en allemand à Joseph Spick, il lui dit en fronçant les sourcils :

« Dis donc, toi, est-ce que tu veux être fusillé? Cela ne coûtera que la peine de te conduire dans ton jardin! Ne sais-tu pas que le papier de la République vaut mieux que l'or des tyrans? Écoute, pour cette fois je veux bien te faire grâce, en considération de ton ignorance; mais s'il t'arrive encore de cacher tes vivres et de refuser les assignats en payement, je te fais fusiller sur la place du village, pour servir d'exemple aux autres. Allons, marche, grand imbécile! »

Il débita cette petite harangue très-rondement; puis se tournant vers la cantinière :

« C'est bien, Thérèse, dit-il, tu peux charger tes tonneaux, cet homme n'y mettra pas opposition. Et vous autres, qu'on le laisse aller. »

Tout le monde sortit, Thérèse en tête et Joseph le dernier. Le pauvre diable n'avait plus une goutte de sang dans les veines; il venait d'en échapper d'une belle.

Le jour, dans l'intervalle, était venu.

Le commandant se leva, plia la carte et la mit dans sa poche. Puis il s'avança jusqu'à l'une des fenêtres et se mit à regarder le village. L'oncle et moi nous regardions à l'autre fenêtre. Il pouvait être alors cinq heures du matin.

III

Toute ma vie je me rappellerai cette rue silencieuse encombrée de gens endormis, les uns étendus, les autres repliés, la tête sur le sac. Je vois encore ces pieds boueux, ces semelles usées, ces habits rapiécés, ces faces jeunes aux teintes brunes, ces vieilles joues rigides, les paupières closes; ces grands chapeaux, ces épaulettes déteintes, ces pompons, ces couvertures de laine à bordure rouge filandreuse, pleines de trous, ces manteaux gris, cette paille dispersée dans la boue. Et le grand silence du sommeil après la marche forcée, ce repos absolu semblable à la mort; et le petit jour bleuâtre enveloppant tout cela de sa lumière indécise, le soleil pâle montant dans la brume, les maisonnettes aux larges toitures de chaume, regardant de leurs petites fenêtres noires; et tout au loin, des deux côtés du village, sur l'Altenberg et le Réepockel, au-dessus des vergers et des chènevières, les baïonnettes des sentinelles scintillant parmi les dernières étoiles; non, jamais je n'oublierai cet étrange spectacle; j'étais bien jeune alors, mais de tels souvenirs sont éternels.

A mesure que le jour grandissait, s'animait aussi le tableau : une tête se levait, s'appuyait sur le coude et regardait, puis bâillait et se couchait de nouveau. Ailleurs un vieux soldat se dressait tout à coup, secouait la paille de ses habits, se coiffait de son feutre et repliait son lambeau de couverture; un autre aussi roulait son manteau et le bouclait sur son sac; un autre tirait de sa poche un bout de pipe et battait le briquet. Les premiers levés se rapprochaient et causaient entre eux, d'autres venaient les rejoindre en frappant de la semelle, car il faisait froid à cette heure; les feux allumés dans la rue et sur la place avaient fini par s'éteindre.

En face de chez nous, sur la petite place, était la fontaine; un certain nombre de Républicains, rangés autour des deux grandes auges moussues, se lavaient, riant et plaisantant malgré le froid: d'autres venaient allonger la lèvre au goulot.

Puis les maisons s'ouvraient une à une, et l'on voyait les soldats en sortir, inclinant leurs grands chapeaux et leurs sacs sous les petites portes. Ils avaient presque tous la pipe allumée.

A droite de notre grange, devant l'auberge de Spick, stationnait la charrette de la cantinière couverte d'une grande toile; elle était à deux roues, en forme de brouette, les bras posant à terre.

Derrière, la mule, couverte d'une vieille housse de laine à carreaux rouges et bleus, attirait de notre échoppe une longue mèche de foin, qu'elle mâchait gravement, les yeux à demi fermés d'un air sentimental.

La cantinière, à la fenêtre en face, raccommodait une petite culotte, et se penchait de temps en temps pour jeter un coup d'œil sous le hangar.

Là, le tambour-maître Horatius Coclès, Cincinnatus, Merlot et un grand gaillard jovial, maigre, sec, à cheval sur des bottes de foin, se faisaient la queue l'un à l'autre; ils se peignaient les tresses et les lissaient en se crachant dans la main; Horatius Coclès, qui se trouvait en tête de la bande, fredonnait un air, et ses camarades répétaient le refrain à la sourdine.

Près d'eux, contre deux vieilles futailles, dormait un petit tambour d'une douzaine d'années, tout blond comme moi, et qui m'intéressait particulièrement. C'est lui que surveillait la cantinière, et dont elle raccommodait sans doute une culotte. Il avait son petit nez rouge en l'air, la bouche entr'ouverte, le dos contre les deux tonnes et un bras sur sa caisse; ses baguettes étaient passées dans la buffleterie, et sur ses pieds, couverts de quelques brins de paille, était étendu un grand caniche tout crotté, qui le réchauffait. A chaque instant cet animal levait la tête et le regardait comme pour dire : « Je voudrais bien faire un tour dans les cuisines du village! » Mais le petit ne bougeait pas; il dormait si bien! Et comme, dans le lointain, quelques chiens aboyaient, le caniche bâillait; il aurait voulu se mettre de la partie.

Bientôt deux officiers sortirent de la maison voisine; deux hommes élancés, jeunes, la taille serrée dans leur habit. Comme ils passaient devant la maison, le commandant leur cria :

« Duchêne! Richer! »

—Bonjour, commandant, dirent-ils en se retournant.

—Les postes sont relevés?

—Oui, commandant.

—Rien de nouveau?

—Rien, commandant.

—Dans une demi-heure on se remet en marche. Fais battre le rappel, Richer. Entre, Duchêne. »

L'un des officiers entra, l'autre passa sous le hangar et dit quelques mots à Horatius Coclès. Moi, je regardais le nouveau venu. Le commandant avait fait apporter une bouteille d'eau-de-vie; ils en buvaient ensemble, lorsqu'une

sorte de bourdonnement s'entendit dehors: c'était le rappel. Je courus voir ce qui se passait. Horatius Coclès, devant cinq tambours, dont le petit tenait la gauche, la canne en l'air, ordonnait le roulement. Tant que la canne fut levée, il continua. Les Républicains arrivaient de toutes les ruelles du village; ils se rangeaient sur deux lignes, devant la fontaine, et leurs sergents commençaient l'appel. L'oncle et moi, nous étions émerveillés de l'ordre qui régnait chez ces gens; à mesure qu'on les appelait, ils répondaient si vite, que c'était comme un murmure de tous les côtés. Ils avaient repris leurs fusils et les tenaient à volonté, sur l'épaule ou la crosse à terre.

Après l'appel, il se fit un grand silence, et plusieurs hommes, dans chaque compagnie, se détachèrent sous la conduite des caporaux, pour aller chercher le pain. La citoyenne Thérèse attelait alors sa mule à la charrette. Au bout de quelques instants, les escouades revinrent, apportant les miches dans des sacs et des paniers. La distribution commença.

Comme les Républicains s'étaient fait la soupe en arrivant, ils se bouclaient l'un à l'autre leur miche sur le sac.

« Allons! s'écria le commandant d'un ton joyeux, en route! »

Il prit son manteau, le jeta sur son épaule, et sortit sans nous dire ni bonjour, ni bonsoir.

Nous pensions être débarrassés de ces gens pour toujours.

Au moment où le commandant sortait, le bourgmestre vint prier l'oncle Jacob de se rendre bien vite chez lui, disant que la vue des Républicains avait rendu sa femme malade.

Ils partirent ensemble aussitôt. Lisbeth arrangeait déjà les chaises et balayait la salle. On entendait dehors les officiers commander : « En avant, marche! » Les tambours résonnaient; la cantinière criait : « Hue! » et le bataillon se mettait en route, quand une sorte de pétillement terrible retentit au bout du village. C'étaient des coups de fusil, qui se suivaient quelquefois plusieurs ensemble, quelquefois un à un.

Les Républicains allaient entrer dans la rue.

« Halte! » cria le commandant, qui regardait debout sur ses étriers, prêtant l'oreille.

Je m'étais mis à la fenêtre, et je voyais tous ces hommes attentifs, et les officiers hors des rangs autour de leur chef, qui parlait avec vivacité.

Tout à coup un soldat parut au détour de la rue; il courait, son fusil sur l'épaule.

« Commandant, dit-il de loin, tout essoufflé, les Croates! L'avant-poste est enlevé... ils arrivent!... »

A peine le commandant eut-il entendu cela qu'il se retourna, courant sur la ligne ventre à terre et criant :

« Formez le carré ! »

Les officiers, les tambours, la cantinière se repliaient en même temps autour de la fontaine, tandis que les compagnies se croisaient comme un jeu de cartes ; en moins d'une minute, elles formèrent le carré sur trois rangs, les autres au milieu, et presque aussitôt il se fit dans la rue un bruit épouvantable, les Croates arrivaient ; la terre en tremblait. Je les vois encore déboucher au tournant de la rue, leurs grands manteaux rouges flottant derrière eux comme les plis de cinquante étendards, et courbés si bas sur leur selle, la latte en avant, qu'on apercevait à peine leurs faces osseuses et brunes aux longues moustaches jaunes.

Il faut que les enfants soient possédés du diable, car, au lieu de me sauver, je restai là, les yeux écarquillés, pour voir la bataille. J'avais bien peur, c'est vrai, mais la curiosité l'emportait encore.

Le temps de regarder et de frémir, les Croates étaient sur la place. J'entendis à la même seconde le commandant crier : « Feu ! » Puis un coup de tonnerre, puis rien que le bourdonnement de mes oreilles. Tout le côté du carré tourné vers la rue venait de faire feu à la fois ; les vitres de nos fenêtres tombaient en grelottant ; la fumée entrait dans la chambre avec des débris de cartouches, et l'odeur de la poudre remplissait l'air.

Moi, les cheveux hérissés, je regardais, et je voyais les Croates sur leurs grands chevaux, debout dans la fumée grise, bondir, retomber et rebondir, comme pour grimper sur le carré ; et ceux de derrière arriver, arriver sans cesse, hurlant d'une voix sauvage : « Forverlz ! forverlz ! * »

« Feu du second rang ! » cria le commandant, au milieu des hennissements et des cris sans fin.

Il avait l'air de parler dans notre chambre, tant sa voix était calme.

Un nouveau coup de tonnerre suivit ; et comme le crépi tombait, comme les tuiles roulaient des toits, comme le ciel et la terre semblaient se confondre, Lisbeth, derrière, dans la cuisine, poussait des cris si perçants que, même à travers ce tumulte, on les entendait comme un coup de sifflet.

Après les feux de peloton commencèrent les feux de file. On ne voyait plus que les fusils du deuxième rang s'abaisser, faire feu et se relever, tandis que le premier rang, le genou à terre, croisait la baïonnette, et que le troisième chargeait les fusils et les passait au second.

Les Croates tourbillonnaient autour du carré, frappant au loin de leurs grandes lattes ; de temps en temps un chapeau tombait, quelquefois l'homme. Un de ces Croates, repliant son cheval sur les jarrets, bondit si loin qu'il franchit les trois rangs et tomba dans le carré ; mais alors le commandant républicain se précipita sur lui, et d'un furieux coup de pointe le cloua pour ainsi dire sur la croupe de son cheval ; je vis le républicain retirer son sabre rouge jusqu'à la garde ; cette vue me donna froid ; j'allais fuir, mais j'étais à peine levé, que les Croates firent volte-face et partirent, laissant un grand nombre d'hommes et de chevaux sur la place.

Les chevaux essayaient de se relever, puis retombaient. Cinq ou six cavaliers, pris sous leur monture, faisaient des efforts pour dégager leurs jambes ; d'autres tout sanglants se traînaient à quatre pattes, levant la main et criant d'une voix lamentable : « Pardône, Françôse ! * » dans la crainte d'être massacrés ; quelques-uns, ne pouvant endurer ce qu'ils souffraient, demandaient en grâce qu'on les achevât. Le plus grand nombre restaient immobiles.

Pour la première fois je compris bien la mort : ces hommes que j'avais vus deux minutes avant, pleins de vie et de force, chargeant leurs ennemis avec fureur, et bondissant comme des loups, ils étaient là, couchés pêle-mêle, insensibles comme les pierres du chemin.

Dans les rangs des Républicains il y avait aussi des places vides, des corps étendus sur la face, et quelques blessés, les joues et le front pleins de sang ; ils se bandaient la tête, le fusil au pied, sans quitter les rangs ; leurs camarades les aidaient à serrer le mouchoir et à remettre le chapeau dessus.

Le commandant, à cheval près de la fontaine, la corne de son grand chapeau à plumes sur le dos et le sabre au poing, faisait serrer les rangs ; près de lui se tenaient les tambours en ligne, et un peu plus loin, tout près de l'auge, la cantinière avec sa charrette. On entendait les trompettes des Croates sonner la retraite. Au tournant de la rue, ils avaient fait halte ; une de leurs sentinelles attendait là, derrière l'angle de la maison commune ; on ne voyait que la tête de son cheval. Quelques coups de fusil partaient encore.

« Cessez le feu ! » cria le commandant.

Et tout se tut ; on n'entendit plus que la trompette au loin.

---

* En avant ! en avant !

* Pardon, Français !

La cantinière fit alors le tour des rangs à l'intérieur, pour verser de l'eau-de-vie aux hommes, tandis que sept ou huit grands gaillards allaient puiser de l'eau à la fontaine, dans leurs gamelles, pour les blessés, qui tous demandaient à boire d'une voix pitoyable.

Moi, penché hors de la fenêtre, je regardais au fond de la rue déserte, me demandant si les manteaux rouges oseraient revenir. Le commandant regardait aussi dans cette direction, et causait avec un capitaine appuyé sur la selle de son cheval. Tout à coup le capitaine traversa le carré, écarta les rangs et se précipita chez nous en criant :

• Le maître de la maison?

— Il est sorti.

— Eh bien... toi... conduis-moi dans votre grenier... vite ! •

Je laissai là mes sabots, et me mis à grimper l'escalier au fond de l'allée comme un écureuil.

Le capitaine me suivait. En haut, il vit du premier coup d'œil l'échelle du colombier et monta devant moi. Dans le colombier il se posa les deux coudes au bord de la lucarne un peu basse, se penchant pour voir. Je regardais par-dessus son épaule. Toute la route, à perte de vue, était couverte de monde : de la cavalerie, de l'infanterie, des canons, des caissons, des manteaux rouges, des pelisses vertes, des habits blancs, des casques, des cuirasses, des files de lances et de baïonnettes, des lignes de chevaux, et tout cela s'avançait vers le village.

« C'est une armée ! » murmurait le capitaine à voix basse.

Il se retourna brusquement pour redescendre, mais s'arrêtant sur une idée, il me montra le long du village, à deux portées de fusil, une file de manteaux rouges qui s'enfonçaient dans un repli de terrain derrière les vergers.

• Tu vois ces manteaux rouges? dit-il.

— Oui.

— Est-ce qu'un chemin de voiture passe là?

— Non, c'est un sentier.

— Et ce grand ravin qui le coupe au milieu, droit devant nous, est-ce qu'il est profond?

— Oh ! oui.

— On n'y passe jamais avec les voitures et les charrues?

— Non, on ne peut pas. •

Alors, sans m'en demander davantage, il redescendit l'échelle à reculons, aussi vite que possible, et se jeta dans l'escalier. Je le suivais; nous fûmes bientôt en bas, mais nous n'étions pas encore au bout de l'allée, que l'approche d'une masse de cavalerie faisait frémir les maisons. Malgré cela, le capitaine sortit, traversa la place, écarta deux hommes dans les rangs et disparut.

Des milliers de cris brefs, étranges, semblables à ceux d'une nuée de corbeaux : « Hourrah ! hourrah ! » remplissaient alors la rue d'un bout à l'autre, et couvraient presque le roulement sourd du galop.

Moi, tout fier d'avoir conduit le capitaine dans le colombier, j'eus l'imprudence de m'avancer sur la porte. Les houlans, car cette fois c'étaient des houlans, arrivaient comme le vent, la lance en arrêt, le dolman en peau de mouton flottant sur le dos, les oreilles enfoncées dans leurs gros bonnets à poil, les yeux écarquillés, le nez comme enfoui dans les moustaches, et le grand pistolet à crosse de cuivre dans la ceinture. Ce fut comme une vision. Je n'eus que le temps de me jeter en arrière; je n'avais plus une goutte de sang dans les veines, et ce n'est qu'au moment où la fusillade recommença, que je me réveillai comme d'un rêve, au fond de notre chambre, en face des fenêtres brisées.

L'air était obscurci, le carré tout blanc de fumée. Le commandant se voyait seul derrière, immobile sur son cheval, près de la fontaine; on l'aurait pris pour une statue de bronze, à travers ce flot bleuâtre, d'où jaillissaient des centaines de flammes rouges. Les houlans, comme d'immenses sauterelles, bondissaient tout autour, dardaient leurs lances et les retiraient; d'autres lâchaient leurs grands pistolets dans les rangs, à quatre pas.

Il me semblait que le carré pliait; c'était vrai.

• Serrez les rangs ! tenez ferme ! criait le commandant de sa voix calme.

— Serrez les rangs ! serrez ! » répétaient les officiers de distance en distance.

Mais le carré pliait, il formait un demi-cercle au milieu; le centre touchait presque à la fontaine. A chaque coup de lance, arrivait la parade de la baïonnette comme l'éclair, mais quelquefois l'homme s'affaissait. Les Républicains n'avaient plus le temps de recharger; ils ne tiraient plus, et les houlans arrivaient toujours, plus nombreux, plus hardis, enveloppant le carré dans leur tourbillon, et poussant déjà des cris de triomphe, car ils se croyaient vainqueurs.

Moi-même, je croyais les Républicains perdus lorsque, au plus fort de l'action, le commandant, levant son chapeau au bout de son sabre, se mit à chanter une chanson qui vous donnait la chair de poule, et tout le bataillon, comme un seul homme, se mit à chanter avec lui.

En un clin d'œil tout le devant du carré se redressa, refoulant dans la rue toute cette masse de cavaliers, pressés les uns contre les autres, avec leurs grandes lances, comme les épis dans les champs.

On aurait dit que cette chanson rendait les Républicains furieux; c'est tout ce que j'ai vu de plus terrible! Et depuis j'ai pensé bien des fois que les hommes acharnés à la bataille sont plus féroces que les bêtes sauvages.

Mais ce qu'il y avait encore de plus affreux, c'est que les derniers rangs de la colonne autrichienne, tout au bout de la rue, ne voyant pas ce qui se passait à l'entrée de la place, avançaient toujours criant : « Hourrah! hourrah! » de sorte que ceux des premiers rangs, poussés par les baïonnettes des Républicains, et ne pouvant plus reculer, s'agitaient dans une confusion inexprimable et jetaient des cris de détresse; leurs grands chevaux, piqués aux naseaux, se dressaient la crinière droite, les yeux hors de la tête, avec des hennissements grêles et des ruades épouvantables. Je voyais de loin ces malheureux houlans; fous de terreur, se retourner, en frappant leurs camarades du manche de leurs lances pour se faire place, et détaler comme des lièvres le long des petites cassines.

Deux minutes après, la rue était vide. Il restait bien encore vingt-cinq ou trente de ces pauvres diables, enfermés dans la place. Ils n'avaient pas vu la retraite et semblaient tout déconcertés, ne sachant par où fuir; mais ce fut bientôt fini : une nouvelle décharge les coucha sur le dos, sauf deux ou trois qui s'enfoncèrent dans la ruelle des Tanneurs.

On ne voyait plus que des tas de chevaux et d'hommes morts; le sang coulait au-dessous et suivait notre rigole jusqu'au guévoir.

« Cessez le feu! cria le commandant pour la seconde fois; chargez! »

Dans le même instant neuf heures sonnaient à l'église. Le village en ce moment n'est pas à dépeindre; les maisons criblées de balles, les volets pendant à leurs gonds, les fenêtres défoncées, les cheminées chancelantes, la rue pleine de tuiles et de briques fracassées, les toits des hangars percés à jour, et ce tas de morts, ces chevaux bousculés, se débattant et saignant : on ne peut se le figurer.

Les Républicains, diminués de moitié, leurs grands chapeaux penchés sur le dos, l'air dur et terrible, attendaient l'arme au bras. Derrière, à quelques pas de notre maison, le commandant délibérait avec ses officiers. Je l'entendais très-bien :

« Nous avons une armée autrichienne devant nous, disait-il brusquement; il s'agit de tirer notre peau d'ici. Dans une heure, nous aurons vingt ou trente mille hommes sur le bras ils tourneront le village avec leur infanterie, et nous serons tous perdus. Je vais faire battre la retraite. Quelqu'un a-t-il quelque chose à dire?

— Non, c'est bien vu, » répondirent les autres.

Alors ils s'éloignèrent, et deux minutes après, je vis un grand nombre de soldats entrer dans les maisons, jeter les chaises, les tables, les armoires dehors sur un même tas; quelques-uns, du haut des greniers, jetaient de la paille et du foin; d'autres amenaient les charrettes et les voitures du fond des hangars. Il ne leur fallut pas dix minutes pour avoir à l'entrée de la rue une barrière haute comme les maisons; le foin et la paille étaient au-dessus et au-dessous. Le roulement du tambour rappela ceux qui faisaient cet ouvrage; aussitôt le feu se mit à grimper de brindille en brindille jusqu'au haut de la barricade, balayant les toits à côté, de sa flamme rouge, et répandant sa fumée noire comme une voûte immense sur le village.

De grands cris s'entendirent alors au loin; des coups de fusil partirent de l'autre côté; mais on ne voyait rien, et le commandant donna l'ordre de la retraite.

Je vis ces Républicains défiler devant chez nous d'un pas lent et ferme, les yeux étincelants, les baïonnettes rouges, les mains noires, les joues creuses. Deux tambours marchaient derrière sans battre; le petit que j'avais vu dormir sous notre hangar s'y trouvait; il avait sa caisse sur l'épaule et le dos plié pour marcher; de grosses larmes coulaient sur ses joues rondes, noircies par la fumée de la poudre; son camarade lui disait : « Allons, petit Jean, du courage! » Mais il n'avait pas l'air d'entendre. Horatius Coclès avait disparu et la cantinière aussi. Je suivis cette troupe des yeux jusqu'au détour de la rue.

Depuis quelques instants le tocsin de la maison commune sonnait, et tout au loin on entendait des voix mélancoliques crier : « Au feu! au feu! »

Je regardai vers la barricade des Républicains; le feu avait gagné les maisons et montait jusque dans le ciel; de l'autre côté, un frémissement d'armes remplissait la rue, et déjà, sur les maisons voisines, de longues piques noires sortaient des lucarnes pour renverser l'échafaudage de l'incendie.

IV

Après le départ des Républicains, il se passa bien encore un quart d'heure avant que personne ne se montrât de notre côté dans la rue. Toutes les maisons semblaient abandonnées. De l'autre côté de la barricade, le tumulte aug-

On aurait dit que cette chanson rendait les Républicains furieux. (Page 15.)

mentait : les cris des gens : « Au feu ! au feu ! »
se prolongeaient d'une façon lugubre.

J'étais sorti sous le hangar, épouvanté de
l'incendie. Rien ne bougeait ; on n'entendait
que le petillement du feu et les soupirs d'un
blessé assis contre le mur de notre étable ; il
avait une balle dans les reins, et s'appuyait sur
les deux mains pour se tenir droit : c'était un
Croate ; il me regardait avec des yeux terribles
et désespérés. Un peu plus loin, un cheval,
couché sur le flanc, balançait sa tête au bout
de son long cou, comme un pendule.

Et comme j'étais là, pensant que ces Français
devaient être de fameux brigands, pour nous
brûle sans aucune raison, un faible bruit se
fit entendre derrière moi ; je me retournai, et
je vis ans l'ombre du hangar, sous les brin-

dilles de paille tombant des poutres, la porte
de la grange entr'ouverte, et derrière, la figure
pâle de notre voisin Spick, les yeux écarquillés. Il avançait la tête doucement et prêtait
l'oreille ; puis, s'étant convaincu que les Républicains venaient de battre en retraite, il s'é-
lança dehors en brandissant sa hache comme
un furieux, et criant :

« Où sont-ils, ces gueux ? où sont-ils, que je
les extermine tous !

—Ah ! lui dis-je, ils sont partis ; mais, en
courant, vous pouvez encore les rattraper au
bout du village. »

Alors il me regarda d'un œil louche, et,
voyant que j'étais sans malice, il courut au
feu.

D'autres portes s'ouvraient au même in

L'oncle s'agenouilla. (Page 19.)

des hommes et des femmes sortaient, regardaient, puis levaient les mains au ciel, en criant : « Qu'ils soient maudits! qu'ils soient maudits! » Et chacun se dépêchait d'aller prendre son baquet pour éteindre le feu.

La fontaine fut bientôt encombrée de monde; il n'y avait plus assez de place autour; on formait la chaîne des deux côtés, jusque dans les allées des maisons menacées. Quelques soldats, debout sur les toits, versaient l'eau dans la flamme ; mais tout ce qu'on put faire, ce fut de préserver les maisons voisines. Vers onze heures, une gerbe de feu bleuâtre monta jusqu'au ciel ; dans le nombre des voitures entassées, se trouvait la charrette de la cantinière ; ses deux tonnes d'eau-de-vie venaient d'éclater.

L'oncle Jacob était aussi dans la chaîne, de l'autre côté, sous la garde des sentinelles autrichiennes; il parvint cependant à s'échapper en traversant une cour, et rentra chez nous par les jardins.

« Seigneur Dieu, s'écria-t-il, Fritzel est sauvé ! »

Je vis en cette circonstance qu'il m'aimait beaucoup, car il m'embrassa en me demandant:

« Où donc étais-tu, pauvre enfant?

—A la fenêtre, » lui dis-je.

Alors il devint tout pâle et s'écria :

« Lisbeth! Lisbeth! »

Mais elle ne répondit pas, et même il nous fut impossible de la trouver ; nous allions dans toutes les chambres, regardant jusque sous les lits, et nous pensions qu'elle s'était sauvée chez quelque voisine.

Dans cet intervalle, on finit par se rendre maître du feu, et tout à coup nous entendîmes les Autrichiens crier dehors : « Place... place... En arrière ! »

En même temps, un régiment de Croates passa devant chez nous comme la foudre. Ils s'élançaient à la poursuite des Républicains ; mais nous apprîmes le lendemain qu'ils étaient arrivés trop tard ; l'ennemi avait gagné les bois de Rothalps, qui s'étendent jusque derrière Pirmasens. C'est ainsi que nous comprîmes enfin pourquoi ces gens avaient barricadé la rue et mis le feu aux maisons : ils voulaient retarder la poursuite de la cavalerie, et cela montre bien leur grande expérience des choses de la guerre.

Depuis ce moment jusqu'à cinq heures du soir, deux brigades autrichiennes défilèrent dans le village sous nos fenêtres : des houlans, des dragons, des houzards ; puis des canons, des fourgons, des caissons ; puis, vers trois heures, le général en chef, au milieu de ses officiers, un grand vieillard coiffé d'un tricorne et vêtu d'une longue polonaise blanche, tellement couverte de torsades et de broderies d'or, qu'à côté de lui, le commandant républicain, avec son chapeau et son uniforme râpés, n'aurait eu l'air que d'un simple caporal.

Le bourgmestre et les conseillers d'Anstatt, en habit de bure à larges manches, la tête découverte, l'attendaient sur la place. Il s'y arrêta deux minutes, regarda les morts entassés autour de la fontaine, et demanda :

« Combien d'hommes les Français étaient-ils ?

— Un bataillon, Excellence, » répondit le bourgmestre courbé en demi-cercle.

Le général ne dit rien. Il leva son tricorne et poursuivit sa route.

Alors arriva la seconde brigade : des chasseurs tyroliens en tête, avec leurs habits verts, leurs chapeaux noirs à bords retroussés, et leurs petites carabines d'Insprück à balles forcées ; puis d'autre infanterie en habit blanc et culotte bleu de ciel, les grandes guêtres remontant jusqu'au genou ; puis de la grosse cavalerie, des hommes de six pieds enfermés dans leurs cuirasses, et dont on ne voyait que le menton et les longues moustaches rousses sous la visière du casque ; puis enfin les grandes voitures de l'ambulance, couvertes de toiles grises, tendues sur des cerceaux, et derrière les éclopés, les traînards et les poltrons.

Les chirurgiens de l'armée firent le tour de la place. Ils relevèrent les blessés, les placèrent dans leurs voitures, et l'un de leurs chefs, un petit vieillard à perruque blanche, dit au bourgmestre en montrant le reste :

« Vous ferez enterrer tout cela le plus tôt possible.

— Pour vous rendre mes devoirs, » répondit le bourgmestre gravement.

Enfin les dernières voitures partirent ; il était environ six heures du soir. La nuit était venue. L'oncle Jacob se tenait sur le seuil de la maison avec moi. Devant nous, à cinquante pas, contre la fontaine, tous les morts, rangés sur les marches, la face en l'air et les yeux écarquillés, étaient blancs comme de la cire, ayant perdu tout leur sang. Les femmes et les enfants du village se promenaient autour.

Et comme le fossoyeur Jeffer avec ses deux garçons, Karl et Ludwig, arrivaient la pioche sur l'épaule, le bourgmestre leur dit :

« Vous prendrez douze hommes avec vous, et vous ferez une grande fosse dans la prairie du Wolfthal pour tout ce monde-là ; vous m'entendez ? Et tous ceux qui ont des charrettes et des tombereaux devront les prêter avec leur attelage, car c'est un service public. »

Jeffer inclina la tête et se rendit tout de suite à la prairie du Wolfthal, avec ses deux garçons et les hommes qu'il avait choisis.

« Il faut pourtant bien que nous retrouvions Lisbeth, » me dit alors l'oncle.

Nous recommençâmes nos recherches du grenier à la cave, et seulement à la fin, comme nous allions remonter, nous vîmes derrière notre tonne de choucroute, entre les deux soupiraux, un paquet de linge dans l'ombre, que l'oncle se mit à secouer. Aussitôt Lisbeth, d'une voix plaintive, s'écria :

« Ne me tuez pas ! Au nom du ciel, ayez pitié de moi !

— Lève-toi, dit l'oncle avec bonté ; tout est fini ! »

Mais Lisbeth était encore si troublée, qu'elle avait de la peine à mettre un pied devant l'autre, et qu'il me fallut la conduire en haut par la main, comme une enfant. Alors, revoyant le jour dans sa cuisine, elle s'assit au coin de l'âtre et fondit en larmes, priant et remerciant le Seigneur de l'avoir sauvée ; ce qui prouve bien que les vieilles gens tiennent à la vie autant que les jeunes.

Les heures de désolation qui suivirent, et le mouvement que dut se donner l'oncle pour se rendre à l'appel de tous les malheureux qui réclamaient ses soins resteront toujours présents à ma mémoire. Il ne se passait pas d'instant qu'une femme ou bien un enfant n'entrât chez nous en s'écriant :

« Monsieur le docteur... bien vite... qu'il vienne ! mon mari... mon frère... ma sœur sont malades ! »

L'un avait été blessé, l'autre était devenu

comme fou de peur; l'autre, étendu tout de son long, ne donnait plus signe de vie.

L'oncle ne pouvait être partout.

« Vous ne trouverez dans telle maison, disais-je à ces malheureux; dépêchez-vous. »

Et ils partaient.

Ce n'est que bien tard, vers dix heures, qu'il revint enfin. Lisbeth s'était un peu remise; elle avait fait du feu sur l'âtre et dressé la table comme à l'ordinaire; mais le crépi du plafond, les éclats de vitres et de bois couvraient encore le plancher. C'est au milieu de tout cela que nous nous assîmes à table, et que nous mangeâmes en silence.

De temps en temps, l'oncle relevait la tête, regardant sur la place les torches qui se promenaient autour des morts, les charrettes noires qui stationnaient devant la fontaine, avec leurs petits bidets du pays, les fossoyeurs, les curieux, tout cela dans les ténèbres. Il observait ces choses gravement, et tout à coup, vers la fin du repas, il se prit à me dire, la main étendue :

« Voilà la guerre, Fritzel! Regarde, et souviens-toi!... Oui, voilà la guerre : la mort et la destruction, la fureur et la haine, l'oubli de tous sentiments humains. Quand le Seigneur nous frappe de ses malédictions, quand il nous envoie la peste et la famine, au moins ce sont des fléaux inévitables décrétés par sa sagesse; mais ici, c'est l'homme lui-même qui décrète la misère contre ses semblables, et c'est lui qui porte au loin ses ravages sans pitié. »

« Hier, nous étions en paix, nous ne demandions rien à personne, nous n'avions pas fait de mal, et tout à coup des hommes étrangers sont venus nous frapper, nous ruiner et nous détruire. Ah! qu'ils soient maudits, ceux qui provoquent de tels malheurs par esprit d'ambition; qu'ils soient l'exécration des siècles!

« Fritzel, souviens-toi de cela; c'est tout ce qu'il y a de plus abominable sur la terre. Des hommes qui ne se connaissent pas, qui ne se sont jamais vus, et qui tout à coup se précipitent les uns sur les autres pour se déchirer! Cela seul devrait nous faire croire en Dieu, car il faut un vengeur de telles iniquités. »

Ainsi parla l'oncle gravement; il était très-ému; et moi, la tête baissée, j'écoutais, retenant chacune de ses paroles et les gravant dans ma mémoire.

Comme nous étions ainsi depuis une demi-heure, une sorte de dispute s'éleva dehors, sur la place; nous entendîmes un chien gronder sourdement, et la voix de notre voisin Spick dire d'un air irrité :

« Attends... attends... gueux de chien, je vais te donner un coup de pioche sur la nuque. Ça,

c'est encore un animal de la même espèce que ses maîtres : ça vous paye avec des assignats et des coups de dents; mais il tombe mal! »

Le chien grondait plus fort.

Et d'autres voix disaient au milieu du silence de la nuit :

« C'est drôle tout de même... Voyez... il ne veut pas quitter cette femme... Peut-être qu'elle n'est pas tout à fait morte. »

Alors l'oncle se leva brusquement et sortit. Je le suivis.

Rien de plus terrible à voir que les morts sous le reflet rouge des torches. Il ne faisait pas de vent, mais la flamme se balançait tout de même, et tous ces êtres pâles, avec leurs yeux ouverts, semblaient remuer.

« Pas morte! criait Spick, est-ce que tu es fou, Jeffer? Est-ce que tu crois en savoir plus que les chirurgiens de l'armée? Non... non... elle a reçu son compte... et c'est bien fait! c'est cette femme qui m'a payé mon eau-de-vie avec du papier. Allons, ôtez-vous de là, que j'assomme le chien et que ça finisse!

—Qu'est-ce qui se passe donc? » dit alors l'oncle d'une voix forte.

Et tous ces gens se retournèrent comme effrayés.

Le fossoyeur se découvrit, deux ou trois autres s'écartèrent, et nous vîmes sur les marches de la fontaine la cantinière étendue, blanche comme la neige, ses beaux cheveux noirs déroulés dans une mare de sang, sa petite tombe encore sur la hanche, et les mains pâles jetées à droite et à gauche sur la pierre humide où coulait l'eau. Plusieurs autres cadavres l'entouraient, et le chien caniche que j'avais vu le matin avec le petit tambour, les poils du dos hérissés, les yeux étincelants et les lèvres frémissantes, debout à ses pieds grondait et frissonnait en regardant Spick.

Malgré son grand courage et sa pioche, le cabaretier n'osait approcher, car il était facile de voir que s'il manquait son coup, cet animal lui sauterait à la gorge.

« Qu'est-ce que c'est? répéta l'oncle.

—Parce que ce chien reste là, fit Spick en ricanant, ils disent que la femme n'est pas morte.

—Ils ont raison, dit l'oncle d'un ton brusque; certains animaux ont plus de cœur et d'esprit que certains hommes. Ote-toi de là. »

Il l'écarta du coude et s'avança droit vers la femme en se courbant. Le chien, au lieu de sauter sur lui, parut s'apaiser et le laissa faire. Tout le monde s'était approché; l'oncle s'agenouilla, découvrit le sein de la femme et lui mit la main sur le cœur. On se taisait; le silence était profond. Cela durait depuis près d'une minute, lorsque Spick dit :

« Hé! hé! hé! qu'on l'enterre, n'est-ce pas, monsieur le docteur? »

L'oncle se leva, les sourcils froncés, et, regardant cet homme en face, du haut en bas :

« Malheureux! lui dit-il, pour quelques mesures d'eau-de-vie que cette pauvre femme t'a payées comme elle pouvait, tu voudrais maintenant la voir morte, et peut-être enterrée vive!

—Monsieur le docteur, s'écria le cabaretier en se redressant d'un air d'arrogance, savez-vous qu'il y a des lois, et que...

—Tais-toi, interrompit l'oncle, ton action est infâme! »

Et, se tournant vers les autres :

« Jeffer, dit-il, transporte cette femme dans ma maison; elle vit encore. »

Il lança sur Spick un dernier regard d'indignation, tandis que le fossoyeur et ses fils plaçaient la cantinière sur le brancard. On se mit en marche; le chien suivait l'oncle, serré contre sa jambe. Quant au cabaretier, nous l'entendions répéter derrière nous, près de la fontaine, d'un ton moqueur :

« La femme est morte; ce médecin en sait autant que ma pioche! La femme est finie.... qu'on l'enterre aujourd'hui ou demain, cela ne fait rien à la chose.... On verra lequel de nous deux avait raison. »

Comme nous traversions la place, je vis le mauser et Koffel qui nous suivaient, ce qui me soulagea le cœur, car, depuis la nuit, une sorte de frayeur s'était emparée de moi, surtout en face des morts, et j'étais content d'être avec beaucoup de monde.

Le mauser marchait devant le brancard, une grosse torche à la main; Koppel, près de l'oncle, semblait grave.

« Voilà de terribles choses, monsieur le docteur, dit-il en marchant.

—Ah! c'est vous, Koffel! fit l'oncle. Oui, oui, le génie du mal est dans l'air, les esprits des ténèbres sont déchaînés! »

Nous entrions alors dans la petite allée remplie de plâtras; le mauser, s'arrêtant sur le seuil, éclaira Jeffer et ses fils, qui s'avançaient d'un pas lourd. Nous les suivîmes tous dans sa chambre, et le taupier, levant sa torche, s'écria d'un ton solennel :

« Où sont-ils, les jours de tranquillité, les instants de paix, de repos et de confiance après le travail..., où sont-ils, monsieur le docteur? Ah! ils se sont envolés par toutes ces ouvertures. »

Alors seulement je vis bien l'air désolé de notre vieille chambre, les vitres brisées, dont les éclats tranchants et les pointes étincelantes se découpaient sur le fond noir des ténèbres;

je compris les paroles du mauser, et je pensai que nous étions malheureux.

« Jeffer, déposez cette femme sur mon lit, dit l'oncle avec tristesse; il ne faut pas que nos propres misères nous fassent oublier que d'autres sont encore plus malheureux que nous. »

Et se tournant vers le taupier :

« Vous resterez pour m'éclairer, dit-il, et Koffel m'aidera. »

Le fossoyeur et ses fils ayant posé leur brancard sur le plancher, placèrent la femme sur le lit au fond de l'alcôve. Le mauser, dont les joues couleur de brique prenaient aux reflets de la torche des teintes pourpres, les éclairait.

L'oncle remit quelques kreutzers à Jeffer, qui sortit avec ses garçons.

La vieille Lisbeth était venue voir; son menton tremblotait, elle n'osait approcher, et je l'entendais qui récitait l'*Ave Maria* tout bas. Sa frayeur me gagnait lorsque l'oncle s'écria :

« Lisbeth, à quoi penses-tu donc? Au nom du ciel, es-tu folle? Cette femme n'est-elle pas comme toutes les femmes, et ne m'as-tu pas aidé cent fois dans mes opérations? Allons, allons.... maintenant la folie reprend le dessus. Va.... chauffe de l'eau; c'est tout ce que je puis espérer de toi. »

Le chien s'était assis devant l'alcôve, et regardait, à travers ses poils frisés, la femme étendue sur le lit, immobile et pâle comme une morte.

« Fritzel, me dit l'oncle, ferme les volets, nous aurons moins d'air. Et vous, Koffel, faites du feu dans le fourneau, car d'obtenir quelque chose maintenant de Lisbeth, il n'y faut pas penser. Ah! si parmi tant de misères, nous avions encore le bon esprit de rester un peu calmes! Mais il faut que tout s'en mêle : quand le diable est en route, on ne sait plus où il s'arrêtera. »

Ainsi parla l'oncle d'un air désolé. Je courus fermer les volets, et j'entendis qu'il les accrochait à l'intérieur. En regardant vers la fontaine, je vis que deux nouvelles charrettes de morts partaient. Je rentrai tout grelottant.

Koffel venait d'allumer le feu, qui pétillait dans le poêle; l'oncle avait déployé sa trousse sur la table; le mauser attendait, regardant ces mille petits couteaux reluire.

L'oncle prit une sonde et s'approcha du lit, écartant les rideaux; le mauser et Koffel le suivaient. Alors une grande curiosité me poussa et j'allai voir : la lumière de la chandelle remplissait toute l'alcôve; la femme était nue jusqu'à la ceinture, l'oncle venait de lui découper ses vêtements; Koffel, avec une grosse éponge, lui lavait la poitrine et les seins couverts d'un sang noir. Le chien regardait toujours, il ne bougeait pas. Lisbeth était aussi revenue dans la chambre; elle me tenait par la main et marmottait je ne sais quelle prière. Dans l'alcôve, personne ne parlait, et l'oncle, entendant la vieille servante, lui cria vraiment fâché :

« Veux-tu bien te taire, vieille folle ! Allons, mauser, allons, relevez le bras.

— Une belle créature, dit le mauser, et bien jeune encore.

— Comme elle est pâle ! » fit Koffel.

Je me rapprochai davantage, et je vis la femme, blanche comme la neige, les seins droits, la tête rejetée en arrière, ses cheveux noirs déroulés. Le mauser lui tenait le bras en l'air, et au-dessous, entre le sein et l'aisselle, apparaissait une ouverture bleuâtre d'où coulaient quelques gouttes de sang. L'oncle Jacob, les lèvres serrées, sondait cette blessure; la sonde ne pouvait entrer. En ce moment, je devins tellement attentif, n'ayant jamais rien vu de pareil, que toute mon âme était au fond de cette alcôve, et j'entendis l'oncle murmurer : « C'est étrange ! »

Au même instant la femme exhala un long soupir, et le chien, qui s'était tu jusqu'alors, se prit à pleurer d'une voix si lamentable et si douce, qu'on aurait dit un être humain; les cheveux m'en dressaient sur la tête. Le mauser s'écria :

« Tais-toi ! »

Le chien se tut, et l'oncle dit :

« Relevez donc le bras, mauser. Koffel, passez ici et soutenez le corps. »

Koffel passa derrière le lit et prit la femme par les épaules; aussitôt la sonde entra bien loin.

La femme fit entendre un gémissement, et le chien gronda.

« Allons, s'écria l'oncle, elle est sauvée. Tenez, Koffel, voyez, la balle a glissé sur les côtes, elle est ici sous l'épaule; la sentez-vous ?

— Très-bien.

L'oncle sortit, et me voyant sous le rideau, il s'écria :

« Que fais-tu là ?

— Je regarde.

— Bon, maintenant, il regarde ! Il est dit que tout doit aller de travers. »

Il prit un couteau sur la table et rentra.

Le chien me regardait de ses yeux luisants, ce qui m'inquiétait.

Tout à coup la femme jeta un cri, et l'oncle dit d'un ton joyeux :

« La voici c'est une balle de pistolet. La malheureuse a perdu beaucoup de sang, mais elle en reviendra.

— C'est pendant la grande charge des uhlans qu'elle aura reçu cela, dit Koffel ; j'étais chez le vieux Kraëmer, au premier; je nettoyais son horloge, et j'ai vu qu'ils tiraient en arrivant.

— C'est possible, » répondit l'oncle, qui seulement alors eut l'idée de regarder la femme.

Il prit le chandelier de la main du mauser, et, debout derrière le lit, il contempla quelques secondes cette malheureuse d'un air rêveur.

« Oui, fit-il, c'est une belle femme et une noble tête ! Quel malheur que de pareilles créatures suivent les armées ! Ne serait-il pas bien mieux de les voir au sein d'une honnête famille, entourées de beaux enfants, auprès d'un brave homme, dont elles feraient le bonheur ! Quel dommage ! Enfin... puisque c'est la volonté du Seigneur. »

Il sortit, appelant Lisbeth.

« Tu vas chercher une de tes chemises pour cette femme, lui dit-il, et tu la lui mettras toi-même. — Mauser, Koffel, venez; nous allons prendre un verre de vin, car cette journée a été rude pour tous. »

Il descendit lui-même à la cave, et en revint au moment où la vieille servante arrivait avec sa chemise. Lisbeth, voyant que la cantinière n'était pas morte, avait repris courage; elle entra dans l'alcôve et tira les rideaux, pendant que l'oncle débouchait la bouteille et ouvrait le buffet pour y prendre des verres. Le mauser et Koffel paraissaient contents. Je m'étais aussi rapproché de la table encore servie, et nous finîmes de souper.

Le chien nous regardait de loin; l'oncle lui jeta quelques bouchées de pain, qu'il ne voulut pas prendre.

En ce moment une heure sonnait à l'église.

« C'est la demie, dit Koffel.

— Non, c'est une heure; je crois qu'il serait temps de nous coucher, » répondit le mauser.

Lisbeth sortait de l'alcôve; tout le monde alla voir la femme vêtue de sa chemise; elle semblait dormir. Le chien s'était posé sur les pattes de devant, au bord du lit, et regardait aussi. L'oncle lui passa la main sur la tête en disant :

« Va, ne crains plus rien; elle en reviendra... je t'en réponds ! »

Et ce pauvre animal semblait le comprendre; il gémissait avec douceur.

Enfin on ressortit.

L'oncle, avec la chandelle, reconduisit Koffel et le mauser jusque dehors, puis il rentra et nous dit :

« Allez vous coucher maintenant, il est temps.

— Et vous, monsieur le docteur? demanda la vieille servante.

— Moi, je veille... cette femme est en danger, et l'on peut aussi m'appeler dans le village. »

Il alla remettre une bûche au fourneau, et s'étendit derrière, dans le fauteuil, en roulant un bout de papier pour allumer sa pipe.

Lisbeth et moi nous montâmes chacun dans notre chambre ; mais ce ne fut que bien tard qu'il me fut possible de dormir, malgré ma grande fatigue, car de demi-heure en demi-heure, le roulement d'une charrette et le reflet des torches sur les vitres m'avertissaient qu'il passait encore des morts.

Enfin, au petit jour, tous ces bruits cessèrent, et je m'endormis profondément.

V

C'est le lendemain qu'il aurait fallu voir le village, lorsque chacun voulut reconnaître ce qui lui restait et ce qui lui manquait, et qu'on s'aperçut qu'un grand nombre de Républicains, de uhlans et de Croates avaient passé par derrière dans les maisons, et qu'ils avaient tout vidé ! C'est alors que l'indignation fut universelle, et que je compris combien le mauser avait eu raison de dire : « Maintenant les jours de calme et de paix se sont envolés par ces trous ! »

Toutes les portes et les fenêtres étaient ouvertes pour voir le dégât, toute la rue était encombrée de meubles, de voitures, de bétail, et de gens qui criaient : « Ah ! les gueux... Ah ! les brigands... ils ont tout pris ! »

L'un cherchait ses canards, l'autre ses poules ; l'autre, en regardant sous son lit, trouvait une vieille paire de savates à la place de ses bottes ; l'autre, en regardant dans sa cheminée, où pendaient la veille au matin des andouilles et des bandes de lard, la voyait vide, et entrait dans une fureur terrible ; les femmes se désolaient en levant les mains au ciel, et les filles semblaient consternées.

Et le beurre, et les œufs, et le tabac, et les pommes de terre, et jusqu'au linge, tout avait été pillé ; plus on regardait, plus il vous manquait de choses.

La plus grande colère des gens se tournait contre les Croates ; car, après le passage du général, n'ayant plus rien à craindre des plaintes qu'on pourrait faire, ils s'étaient précipités dans les maisons, comme une bande de loups affamés, et Dieu sait ce qu'il avait fallu leur donner pour les décider à partir, sans compter ce qu'ils avaient pris.

C'est pourtant bien malheureux que la vieille

Allemagne ait des soldats plus à craindre pour elle que les Français. Le Seigneur nous préserve d'avoir encore besoin de leur secours !

Nous autres enfants, Hans Aden, Frantz Sépel, Nickel, Johann et moi, nous allions de porte en porte, regardant les tuiles cassées, les volets brisés, les hangars défoncés, et ramassant les guenilles, les papiers de cartouches, les balles aplaties le long des murs.

Ces trouvailles nous réjouissaient tellement, que pas un n'eut l'idée de rentrer avant la nuit close.

Vers deux heures, nous fîmes la rencontre de Zaphéri Schmouck, le fils du vannier, qui redressait sa tête rousse et semblait plus fier que d'habitude. Il tenait quelque chose caché sous sa blouse ; et comme nous lui demandions : « Qu'est-ce que tu as ? » il nous fit voir la crosse d'un grand pistolet de uhlan.

Alors toute la bande le suivit.

Il marchait au milieu de nous comme un général, et à chaque nouvelle rencontre, nous disions : « Il a un pistolet ! » Le nouveau venu se joignait à la troupe.

Nous n'aurions pas quitté Schmouck pour un empire ; il nous semblait que la gloire de son pistolet rejaillissait sur nous.

Voilà bien les enfants, et voilà bien les hommes !

Chacun de nous se vantait des dangers qu'il avait courus pendant la grande bataille :

« J'ai entendu siffler les balles, disait Frantz Sépel, deux sont entrées dans notre cuisine.

— Moi, j'ai vu galoper le général des uhlans avec son bonnet rouge, criait Hans Aden ; c'est bien plus terrible que d'entendre siffler les balles. »

Ce qui m'enorgueillissait le plus, c'était que le commandant républicain m'avait donné de la galette en disant : « Avale-moi ça hardiment ! » Je me trouvais digne d'avoir un pistolet comme Zaphéri : mais personne ne voulait me croire.

Schmouck, en passant devant le perron de la maison commune, s'écria :

« Venez voir ! »

Nous montâmes le grand escalier derrière lui, et devant la porte du conseil, percée d'une ouverture carrée, grande comme la main, il nous dit :

« Regardez... les habits des morts sont là !... Le père Jeffer et M. le bourgmestre les ont conduits là ce matin, dans une charrette. »

Et nous restâmes plus d'une heure à contempler ces habits, nous grimpant l'un à l'autre sur les épaules et soupirant : « Laisse-moi donc aussi regarder, Hans Aden... c'est mon tour ! »

Ces habits étaient entassés au milieu de la

grande salle deserte, sous la lumière grise de deux hautes fenêtres grillées. Il y avait des chapeaux républicains et des bonnets de uhlans, des baudriers et des gibernes, des habits bleus et des manteaux rouges, des sabres et des pistolets. Les fusils étaient appuyés au mur à droite, et, plus loin, se trouvait une file de lances.

Cela donnait froid à voir, et j'en ai gardé le souvenir.

Au bout d'une heure, et comme la nuit venait, tout à coup l'un de nous eut peur, et se mit à descendre l'escalier en criant d'une voix terrible : « Les voici ! »

Alors toute la bande se précipita sur les marches, galopant les mains en l'air et se bousculant dans l'ombre. Ce qui m'étonne, c'est que pas un de nous ne se soit cassé le cou, tant notre épouvante était grande. J'étais le dernier, et quoique mon cœur bondît d'une force incroyable, au bas du perron je me retournai pour regarder ; tout était gris au fond du vestibule, la petite lucarne, à droite, éclairait les marches noires d'un rayon oblique ; pas un soupir ne troublait le silence sous la voûte sombre. Au loin, dans la rue, les cris s'éloignaient. Je me pris à songer que l'oncle devait être inquiet de moi, et je partis seul, non sans me retourner encore, car il me semblait que des pas furtifs me suivaient, et je n'osais courir.

Devant l'auberge des *Deux-Clefs*, dont les fenêtres brillaient au milieu de la nuit, je fis halte. Le tumulte des buveurs me rassurait ; je regardai, par le petit vasistas ouvert, dans la salle où bourdonnaient un grand nombre de voix, et je vis Koffel, le mauser, M. Richter et bien d'autres, assis le long des tables de sapin, le dos courbé, le coude en avant, en face des cruches et des gobelets.

La figure anguleuse de M. Richter, avec sa veste de chasse et sa casquette de cuir bouilli, gesticulait sous le quinquet, dans la fumée grisâtre :

« Voilà ces fameux Républicains, disait-il, ces hommes terribles qui devaient bouleverser le monde, et que l'ombre glorieuse du feld-maréchal Wurmser suffit pour disperser. Vous les avez vus plier les reins et allonger les jambes ! Combien de fois ne vous ai-je pas dit que toutes leurs grandes entreprises finiraient par une débâcle ? Mauser, Koffel, l'ai-je dit ?

— Eh oui, vous l'avez dit ! répondit le mauser, mais ce n'est pas une raison pour crier si fort. Voyons, monsieur Richter, asseyez-vous et faites venir une bouteille de vin ; Koffel et moi nous avons payé chacun la nôtre. Voilà le principal. »

M. Richter s'assit, et moi je m'en allai chez nous. Il pouvait être alors sept heures ; l'allée était balayée, les vitres remises. J'entrai d'abord dans la cuisine, et Lisbeth, en me voyant, s'écria: « Ah ! le voici ! »

Elle ouvrit la porte de la chambre en disant plus bas :

« Monsieur le docteur, l'enfant est là.

—C'est bon, dit l'oncle assis à table, qu'il entre. »

Et comme j'allais parler haut :

« Chut ! fit-il en me montrant l'alcôve ; assieds-toi, tu dois avoir bon appétit ?

—Oui, mon oncle.

—D'où viens-tu ?

—J'ai été voir le village.

—C'est bien, Fritzel ; tu m'as donné de l'inquiétude, mais je suis content que tu aies vu ces misères. »

Lisbeth vint alors m'apporter une bonne assiettée de soupe, et, tandis que je mangeais, l'oncle ajouta :

« Tu connais la guerre, maintenant. Souviens-toi de ces choses, Fritzel, pour les maudire. C'est une bonne instruction ; ce qu'on a vu jeune nous reste toute la vie. »

Il se faisait ces réflexions à lui-même ; moi, j'allais toujours mon train, le nez dans mon assiette. Après la soupe, Lisbeth me servit des légumes et de la viande ; mais au moment où je prenais ma fourchette, voilà que j'aperçois, assis près de moi sur le plancher, un être immobile qui me regardait. Cela me saisit.

« Ne crains rien, Fritzel, », me dit l'oncle en souriant.

Alors je regardai, et je reconnus que c'était le chien de la cantinière. Il se tenait là gravement, le nez en l'air, les oreilles pendantes, m'observant d'un œil attentif à travers ses poils frisés.

« Donne-lui de tes légumes, et vous serez bientôt bons amis, » dit l'oncle.

Il lui fit signe d'approcher ; le chien vint s'asseoir près de sa chaise, et parut bien content des petites tapes que l'oncle lui donnait sur la tête. Il lapa le fond de mon assiette, puis se remit à me regarder d'un air grave.

Vers la fin du souper, j'allais me lever, quand des paroles confuses s'entendirent dans l'alcôve. L'oncle prêtait l'oreille ; la femme parlait extrêmement vite et bas. Ces paroles confuses, mystérieuses, au milieu du silence, m'émurent plus que tout le reste ; je me sentis pâlir. L'oncle, le front penché, me regardait, mais sa pensée était ailleurs : il écoutait. Le chien venait aussi de se retourner.

Dans la foule des paroles que disait cette femme, quelques-unes étaient plus fortes :

« Mon père....Jean....tués.... tous.... tous.... la patrie !... »

Il contempla quelques instants cette malheureuse. (Page 21.)

En regardant l'oncle, je voyais qu'il avait les yeux troubles et que ses joues tremblaient. Il prit la lampe sur la table et s'approcha du lit. Lisbeth entrait pour desservir; il se retourna et lui dit :

« Voici que la fièvre commence. »

Puis il écarta les rideaux; Lisbeth le suivit. Moi je ne bougeais pas de ma chaise; je n'avais plus faim. La femme se tut un instant. Je voyais l'ombre de l'oncle et celle de Lisbeth sur les rideaux; l'oncle tenait le bras de la femme. Le chien était avec eux dans l'alcôve. Moi, seul dans la salle noire, j'avais peur. La femme se mit à parler plus haut; alors il me sembla que la salle devenait plus noire, et je me rapprochai de la lumière. Mais, au même instant, quelque chose parut se débattre; Lis-

beth, qui tenait la lampe, recula, et la femme, toute pâle, les yeux ouverts, se dressa en criant:

« Jean.... Jean.... défends-toi.... j'arrive ! »

Puis elle ouvrit la bouche, jeta un grand cri :

« Vive la République ! » et retomba.

L'oncle ressortit bouleversé en disant :

« Lisbeth, vite, vite, monte là-haut.... dans l'armoire.... la fiole grise à bouchon de verre... Dépêche-toi ! »

Et il rentra.

Lisbeth courait; moi je me tenais à la basque de l'oncle. Le chien grondait, la femme était étendue comme morte.

La vieille servante revint avec la fiole; l'oncle regarda et dit d'une voix brève :

« C'est cela, une cuiller. »

Je courus chercher ma cuiller; il l'essuya,

« Ainsi, Mauser, disait l'oncle, la nuit s'est bien passée ? » (Page 27.)

versa quelques gouttes dedans, puis, relevant la tête de la femme, il lui fit prendre ce qu'il y avait mis, en disant avec une douceur extrême :

« Allons, allons, du courage, mon enfant.... du courage.... »

Je ne l'avais jamais entendu parler d'une voix si douce, si tendre; mon cœur en était serré.

La femme soupira doucement, et l'oncle l'étendit sur le lit en relevant l'oreiller. Après quoi il ressortit tout pâle et nous dit :

« Allez dormir, laissez-moi seul...je veillerai.

—Mais, monsieur le docteur, fit Lisbeth, déjà la nuit dernière....

—Allez vous coucher, répéta l'oncle d'un ton fâché ; je n'ai pas le temps d'écouter votre bavardage. Au nom du ciel, laissez-moi tranquille.... ceci peut devenir sérieux. »

Il nous fallut bien obéir.

En montant l'escalier, Lisbeth, toute tremblante, me dit :

« As-tu vu cette malheureuse, Fritzel? Elle va peut-être mourir.... eh bien! la voilà qui pense encore à sa République du diable. Ces gens-là sont de véritables sauvages. Tout ce que nous pouvons faire, c'est de prier que Dieu leur pardonne. »

Elle se mit donc à prier.

Je ne savais que penser de tout cela. Mais après avoir tant couru et m'être crotté jusqu'à l'échine, une fois au lit, je m'endormis si profondément, que le retour des Républicains eux-mêmes, leurs feux de peloton et de bataillon n'auraient pu m'éveiller avant dix heures du matin.

VI

Le lendemain du départ des Républicains, tout le village savait déjà qu'une Française était chez l'oncle Jacob, qu'elle avait reçu un coup de pistolet et qu'elle en reviendrait difficilement. Mais comme il fallait réparer les toits des maisons, les portes et les fenêtres, chacun avait bien assez de ses propres affaires sans s'inquiéter de celles des autres, et ce n'est que le troisième jour, quand tout fut à peu près remis en bon état, que l'idée de la femme revint aux gens.

Alors aussi Joseph Spick répandit le bruit que la Française devenait furieuse, et qu'elle criait : « Vive la République ! » d'une façon terrible.

Le gueux se tenait sur le seuil de son cabaret, les bras croisés, l'épaule au mur, ayant l'air de fumer sa pipe, et disant aux passants : « Hé ! Nickel... Yokel... écoute... écoute, comme elle crie ! N'est-ce pas abominable ? Est-ce qu'on devrait souffrir cela dans le pays ? »

L'oncle Jacob, le meilleur homme du monde, en vint à ce point d'indignation contre Spick, que je l'entendis répéter plusieurs fois qu'il méritait d'être pendu.

Malheureusement on ne pouvait nier que la femme ne parlât de la France, de la République et d'autres choses contraires au bon ordre ; toujours ces idées lui revenaient à l'esprit, et cela nous mettait dans un embarras d'autant plus grand, que toutes les commères, toutes les vieilles Salomé du village arrivaient à la file chez nous, l'une le balai sous le bras, la jupe retroussée ; l'autre ses aiguilles à tricoter dans les cheveux, le bonnet de travers ; l'autre apportant son rouet d'un air sentimental, comme pour filer au coin de l'âtre. Celle-ci venait emprunter un gril, celle-là acheter un pot de lait caillé, ou demander un peu de levure, pour faire le pain. Quelle misère ! notre allée avait deux pouces de boue amassés par leurs sabots.

Et pendant que Lisbeth lavait ses assiettes ou regardait dans ses marmites, il fallait les entendre jacasser, il fallait les voir arriver, se faire la révérence et se donner des tours de reins agréables.

« Hé ! bonjour donc, mademoiselle Lisbeth. Qu'il y a de temps qu'on ne vous a vue !

—Ah ! c'est mademoiselle Oursoula ! Dieu du ciel ! que vous me faites plaisir ! Asseyez-vous donc, mademoiselle Oursoula.

—Oh ! vous êtes trop bonne, trop bonne, mademoiselle Lisbeth... Un beau temps, ce matin ?

—Oui, mademoiselle Oursoula, un très-beau temps... c'est un temps délicieux pour les rhumatismes.

—Délicieux, et pour les rhumes aussi.

—Ah ! oui, et pour toutes sortes de maladies. Comment va le rhumatisme de monsieur le curé, mademoiselle Oursoula ?

—Eh ! Seigneur Dieu ! comment peut-il aller ? Tantôt d'un côté, tantôt de l'autre. Hier c'était dans l'épaule, aujourd'hui c'est dans les reins. Ça voyage. Toujours souffrant, toujours souffrant !

—Ah ! j'en suis désolée... désolée !

—Mais à propos, mademoiselle Lisbeth, vous allez dire que je suis bien curieuse, mais on en parle dans tout le village : votre dame française est toujours malade ?

—Ah ! mademoiselle Oursoula, ne m'en parlez pas ; nous avons eu une nuit... une nuit !...

—Est-ce possible ? Comment ! cette pauvre dame ne va pas mieux ? Que me dites-vous là ? »

Et l'on joignait les mains, et l'on se penchait d'un air de commisération, et l'on roulait les yeux en se balançant la tête.

Les deux premiers jours, l'oncle, pensant que cela finirait lorsque la curiosité de ces gens serait satisfaite, ne dit rien. Mais voyant que cela se prolongeait, un beau matin que la femme avait beaucoup de fièvre, il entra brusquement dans la cuisine, et dit à ces vieilles, d'un ton de mauvaise humeur :

« Que venez-vous faire ici ? Pourquoi ne restez-vous pas chez vous ? N'avez-vous pas d'ouvrage à la maison ? Vous devriez rougir de passer ainsi votre existence à bavarder, comme de vieilles pies, à vous donner des airs de grandes dames, quand vous n'êtes que des servantes ! C'est ridicule, et cela m'ennuie beaucoup.

—Mais, dit l'une d'elles, je viens acheter un pot de lait.

—Faut-il deux heures pour acheter un pot de lait ? répondit l'oncle vraiment fâché. Lisbeth, donne-lui son pot de lait, et qu'elle s'en aille avec les autres. Je suis las de tout cela. Je ne souffrirai pas qu'on vienne m'épier, et prendre de fausses nouvelles chez moi, pour les répandre dans tout le pays. Allez, et ne revenez plus. »

Les commères s'en allèrent toutes honteuses.

Ce jour-là, l'oncle eut encore une grande discussion. M. Richter s'étant permis de lui dire qu'il avait tort de s'intéresser à des étrangers, venus dans le pays pour piller, et surtout à cette femme, qui ne devait pas être grand'chose, puisqu'elle avait suivi des soldats, il l'écouta froidement, et finit par lui répondre :

« Monsieur Richter, quand j'accomplis un devoir d'humanité, je ne demande pas aux gens : « De quel pays êtes-vous? Avez-vous les mêmes croyances que moi? Êtes-vous riches ou pauvres? Pouvez-vous me rendre ce que je vous donne? » Je suis les mouvements de mon cœur, et le reste m'importe peu. Que cette femme soit française ou allemande, qu'elle ait des idées républicaines ou non, qu'elle ait suivi des soldats par sa propre volonté, ou qu'elle ait été réduite à le faire par besoin, cela ne m'inquiète pas. J'ai vu qu'elle allait mourir, mon devoir était de lui sauver la vie; et maintenant mon devoir est de continuer, avec la grâce de Dieu, ce que j'ai bien fait d'entreprendre. Quant à vous, monsieur Richter, je sais que vous êtes un égoïste, vous n'aimez pas vos semblables; au lieu de leur rendre service, vous cherchez à tirer d'eux des avantages personnels. C'est le fond de votre opinion sur toutes choses. Et comme de telles opinions m'indignent, je vous prie de ne plus mettre les pieds chez moi. »

Il ouvrit la porte, et M. Richter ayant voulu répliquer, sans l'entendre il le prit poliment par le bras et le mit dehors.

Le mauser, Koffel et moi nous étions présents, et la fermeté de l'oncle Jacob en cette circonstance nous étonna, car jamais nous ne l'avions vu plus calme et plus résolu.

Il ne conserva que le mauser et Koffel pour amis; chacun à son tour veillait près de la femme, ce qui ne les empêchait pas d'aller à leurs affaires pendant la journée.

Dès lors la tranquillité fut rétablie chez nous.

Or, un matin, en m'éveillant, je vis que l'hiver était venu; sa blanche lumière remplissait ma petite chambre; de gros flocons de neige descendaient du ciel par myriades, et tourbillonnaient contre mes vitres. Dehors régnait le silence, pas une âme ne courait dans la rue, tout le monde avait tiré sa porte, les poules se taisaient, les chiens regardaient du fond de leurs niches, et dans les buissons voisins, les pauvres verdiers, grelottant sous leurs plumes ébouriffées, jetaient ce cri plaintif de la misère, qui ne finit qu'au printemps.

Moi, le coude sur l'oreiller, les yeux éblouis, regardant la neige s'amonceler au bord des petites fenêtres, je me figurais tout cela, et je revoyais aussi les hivers passés : la lueur de notre grand fourneau s'avançant et reculant le soir sur le plancher, le mauser, Koffel et l'oncle Jacob autour, le dos courbé, fumant leur pipe et causant de choses indifférentes. J'entendais le rouet de Lisbeth bourdonner dans le silence, comme les ailes cotonneuses d'un papillon de nuit, et son pied marquer la mesure de la complainte que chante la bûche verte au milieu du foyer. Puis dehors, je me représentais les glissades sur la rivière, les parties de traîneau, la bataille à pelotes de neige, les éclats de rire, la vitre cassée qui tombe, la vieille grand'mère qui crie du fond de l'allée, tandis que la bande se disperse, les talons aux épaules.

Tout cela, dans une seconde, me revint à l'esprit, et, moitié triste, moitié content, je me dis : « C'est l'hiver! »

Puis, songeant qu'il devait faire bon être assis en face de l'âtre, devant une soupe à la farine, comme les apprêtait Lisbeth, je sautai de mon lit et je m'habillai bien vite, tout frileux. Après quoi, sans prendre le temps de mettre la seconde manche de ma veste, je descendis l'escalier, roulant comme une boule.

Lisbeth balayait l'allée. La porte de la cuisine était ouverte; aussi, malgré le beau feu qui dansait autour de la crémaillère, je me dépêchai d'entrer dans la chambre.

L'oncle Jacob venait de rentrer d'une visite; sa grosse houppelande fourrée de renard et son bonnet de loutre étaient pendus au mur, et ses grosses bottes debout près du fourneau; il prenait un petit verre de kirschenwasser avec le mauser, qui avait veillé cette nuit-là. Tous deux semblaient de bonne humeur.

« Ainsi, mauser, disait l'oncle, la nuit s'est bien passée?

— Très-bien, monsieur le docteur, nous avons tous dormi : la femme dans son lit, moi dans le fauteuil, et le chien sous le rideau. Personne n'a remué. Ce matin, en ouvrant la fenêtre, j'ai vu le pays aussi blanc que Hans Wurst, lorsqu'il sort de son sac de farine; tout cela s'était fait sans bruit. Et comme j'ouvrais la fenêtre, vous remontiez déjà la rue; j'avais envie de vous crier « bonjour! » mais la femme dormait encore, je n'ai pas voulu l'éveiller.

— Bon, bon, vous avez bien fait. A votre santé, mauser!

— A la vôtre, monsieur le docteur! »

Ils humèrent d'un trait leurs petits verres, et les remirent sur la table en souriant.

« Tout va bien, reprit l'oncle, la blessure se ferme, la fièvre diminue, mais les forces manquent encore, le pauvre être a perdu trop de sang. Enfin, enfin, tout cela reviendra. »

Je m'étais assis près du fourneau. Le chien

sortit alors de l'alcôve et vint caresser l'oncle, qui, le regardant, se prit à dire :

« Quelle bonne bête ! Tenez, mauser, est-ce qu'on ne dirait pas qu'il nous comprend ? Est-ce qu'il ne paraît pas plus joyeux ce matin ? On ne m'ôtera jamais de l'esprit que ces animaux comprennent bien les choses : s'ils ont moins de jugement que nous, ils ont souvent plus de cœur.

— C'est clair, fit le mauser. Moi, tout le temps de la fièvre, je ne regardais que le chien et je pensais : « Il est triste, ça va mal ! — Il est gai, ça va bien ! » Ma foi, je suis comme vous, monsieur le docteur, j'ai beaucoup de confiance dans l'esprit des animaux.

— Allons, mauser, reprit l'oncle, encore un petit verre, il fait froid dehors, et le vieux kirschenwasser vous réchauffe comme un rayon de soleil. »

Il ouvrit le buffet, apporta la miche et deux couteaux, et dit :

« Cassons une croûte. »

Le mauser inclina la tête, et l'oncle me voyant, dit en souriant :

« Eh bien, Fritzel, les pelotes de neige et les glissades vont recommencer ! Est-ce que cela ne te réjouit pas ?

— Si, mon oncle.

— Oui... oui... amuse-toi, on n'est jamais plus heureux qu'à ton âge, garçon ; mais surtout ne fais pas tes pelotes trop dures. Ceux qui serrent trop leurs pelotes ne veulent pas s'amuser, ils veulent faire du mal : ce sont de méchants drôles.

— Hé ! dit le mauser en riant, moi, monsieur le docteur, je serrais toujours mes pelotes.

— Et voilà le tort que vous aviez, mauser, répondit l'oncle ; cela prouve que, dans votre nature, il se trouvait un fond de malice. Heureusement vous avez vaincu cela par la raison. Je suis sûr que vous vous repentez d'avoir trop serré vos pelotes.

— Oh oui ! fit le mauser, ne sachant que répondre, quoique les autres les aient aussi serrées.

— On ne doit jamais s'inquiéter des autres ; il faut faire ce que le bon cœur nous commande, dit l'oncle. Tous les hommes sont naturellement bons et justes, mais le mauvais exemple les entraîne. »

Comme nous causions ainsi, quelques paroles s'entendirent dans l'alcôve ; tout le monde se tut, prêtant l'oreille.

« Ceci, mauser, murmura l'oncle, n'est plus la voix du délire, c'est une voix faible, mais naturelle. »

Et se levant, il écarta les rideaux. Le mauser et moi nous étions derrière lui, le cou tendu. La femme, bien pâle et bien maigre, semblait dormir ; on l'entendait à peine respirer. Mais au bout d'un instant elle ouvrit les yeux, et nous regarda l'un après l'autre, comme étonnée, puis le fond de l'alcôve, puis les fenêtres blanches de neige, l'armoire, la vieille horloge, puis le chien qui s'était dressé, la patte au bord du lit. Cela dura bien une minute ; enfin elle referma les yeux, et l'oncle dit tout bas :

« Elle est revenue à elle.

— Oui, fit le mauser du même ton, elle nous a vus, elle ne nous connaît pas, et maintenant elle songe à ce qu'elle vient de voir. »

Nous allions nous retirer, quand la femme rouvrit les yeux, et, faisant un effort, voulut parler. Mais alors l'oncle, élevant la voix, lui dit avec bonté :

« Ne vous agitez pas, madame, soyez calme, n'ayez aucune inquiétude... Vous êtes chez des gens qui ne vous laisseront manquer de rien... Vous avez été malade,.. maintenant vous allez mieux... Mais, je vous en prie, ayez confiance... vous êtes chez des amis ·: chez de véritables amis. »

Pendant qu'il parlait, la femme le regardait de ses grands yeux noirs ; on voyait qu'elle le comprenait. Mais, malgré sa recommandation, après un instant de silence, elle essaya de parler encore et dit tout bas :

« Le tambour... le petit tambour... »

Alors l'oncle, regardant le mauser, lui demanda :

« Comprenez-vous ? »

Et le mauser, portant la main à sa tête, dit :

« Un restant de fièvre, docteur, un petit restant ; cela passera. »

Mais la femme, d'un accent plus fort, répéta :

« Jean... le petit tambour ! »

Je me tenais sur la pointe des pieds, fort attentif ; et l'idée me vint tout à coup qu'elle parlait du petit tambour que j'avais vu couché sous notre hangar, le jour de la grande bataille. Je me rappelai qu'elle le regardait aussi de la fenêtre en face, en raccommodant sa petite culotte, et je dis :

« Oncle, elle parle peut-être du petit tambour qui était avec les Républicains. »

Aussitôt la pauvre femme voulut se retourner :

« Oui... oui... fit-elle, Jean... mon frère !

— Restez, madame, dit l'oncle, ne faites pas de mouvement ; votre blessure pourrait se rouvrir. Mauser, approchez la chaise. »

Et me prenant sous les bras, il m'éleva devant elle en me disant :

« Raconte à madame ce que tu sais, Fritzel. Tu te rappelles le petit tambour?

— Oh! oui; le matin de la bataille, il était couché sous notre hangar, le chien sur ses pieds; il dormait, je me le rappelle bien! lui répondis-je tout troublé, car la femme me regardait alors jusqu'au fond de l'âme, comme elle avait regardé l'oncle.

— Et ensuite, Fritzel?

— Ensuite, il était avec les autres tambours, au milieu du bataillon, quand les Croates sont arrivés. Et tout à la fin, quand on a mis le feu dans la rue, et que les Républicains sont partis, je l'ai revu derrière.

— Blessé? fit la femme d'une voix si faible, qu'on pouvait à peine l'entendre.

— Oh! non; il avait son tambour sur l'épaule et pleurait en marchant, et un autre plus grand lui disait : « Allons, courage, petit Jean, courage! » Mais il n'avait pas l'air d'entendre... il avait les joues toutes mouillées·

— Tu es bien sûr de l'avoir vu s'en aller, Fritzel? demanda l'oncle.

— Oui, mon oncle : il me faisait de la peine; je l'ai regardé jusqu'au bout du village. »

Alors la femme referma les yeux, et nous entendîmes qu'elle sanglotait intérieurement. Des larmes lui coulaient le long des joues, l'une après l'autre, sans bruit. C'était bien triste, et l'oncle me dit tout bas :

« Descends, Fritzel, il faut la laisser pleurer sans gêne. »

Mais comme j'allais descendre, elle étendit la main, et me retint en murmurant quelques paroles. L'oncle Jacob la comprit et lui demanda :

« Vous voulez embrasser l'enfant?

— Oui, » fit-elle.

Il me pencha sur sa figure; elle m'embrassa en sanglotant toujours. Moi, je m'étais mis aussi à pleurer.

« C'est bon, fit l'oncle, c'est bon. Il vous faut maintenant du calme, madame; il faut tâcher de dormir, la santé vous reviendra... Vous reverrez votre jeune frère... Du courage! »

Il m'emmena dehors et referma les rideaux.

Le mauser se promenait de long en large dans la salle; il avait la figure rouge et dit :

« Ça, monsieur le docteur, c'est une brave femme, une honnête femme... qu'elle soit républicaine ou tout ce qu'on voudra... celui qui penserait le contraire ne serait qu'un gueux.

— Oui, répondit l'oncle, c'est une nature généreuse, je l'ai reconnu tout de suite à sa figure. Il est heureux que Fritzel se soit rappelé l'enfant. La pauvre femme avait une grande inquiétude. Je comprends maintenant pourquoi ce nom de Jean revenait toujours dans son délire. Tout ira mieux, mauser, tout ira mieux, les larmes soulagent. »

Ils sortirent ensemble dans l'allée; je les entendis encore causer de ces choses sur le seuil de la maison.

Et comme je m'étais assis derrière le fourneau, et que je m'essuyais les joues du revers de la manche, tout à coup je vis le chien près de moi, qui me regardait avec douceur. Il me posa la patte sur le genou et se mit à me caresser; pour la première fois, je pris sa grosse tête frisée entre mes bras, sans crainte. Il me semblait que nous étions amis depuis longtemps et que je n'avais jamais eu peur de lui.

En levant les yeux au bout d'une minute, j'aperçus l'oncle qui venait d'entrer et qui m'observait en souriant.

« Tu vois, Fritzel, comme le pauvre animal t'aime, dit-il; maintenant il te suivra, car il a reconnu ton bon cœur. »

Et c'était vrai, depuis ce jour le caniche ne refusa plus de m'accompagner; au contraire, il me suivait gravement dans tout le village, ce qui me rendait encore plus fier que Zaphéri Schmouck avec son pistolet de uhlan; il s'asseyait près de ma chaise pour lécher mes assiettes, et faisait tout ce que je voulais.

VII

La neige ne cessa point de tomber ce jour-là ni la nuit suivante; chacun pensait que les chemins de la montagne en seraient encombrés, et qu'on ne reverrait plus ni les uhlans ni les Républicains : mais un petit événement vint encore montrer aux gens les tristes suites de la guerre, et les faire réfléchir sur les malheurs de ce bas monde.

C'était le lendemain du jour où la femme avait repris connaissance, entre huit et neuf heures du matin. La porte de la cuisine restait ouverte, pour laisser entrer la chaleur dans la salle. Je me tenais à côté de Lisbeth, qui battait le beurre auprès de l'âtre. En tournant un peu la tête, je voyais l'oncle assis près de la fenêtre blanche; il lisait l'almanach, et souriait de temps en temps.

Le chien Scipio était assis près de moi, fixe et grave, et comme je goûtais à chaque instant la crème qui sortait de la baratte, il bâillait d'un air mélancolique·

« Mais, Fritzel, disait Lisbeth, à quoi penses-tu donc? Si tu manges toute la crème, nous n'aurons plus de beurre. »

Dans la salle l'horloge marchait lentement; dehors le silence était absolu.

Cela durait depuis une demi-heure, et Lisbeth venait de mettre le beurre frais sur une assiette, lorsque des voix s'entendirent dans la rue; puis la porte de l'allée s'ouvrit, des pieds chargés de neige battirent les dalles du vestibule. L'oncle raccrocha son almanach au mur; il regardait vers la porte, quand le bourgmestre Meyer entra, son bonnet de laine frisée, à double gland, tiré sur les oreilles, le collet de sa casaque tout blanc de givre, et les mains fourrées dans ses moufles de peau de lièvre jusqu'aux coudes.

« Salut, monsieur le docteur, salut ! dit le gros homme. J'arrive par un temps de neige ; mais que voulez-vous, il le faut, il le faut ! »

Alors secouant ses moufles, qui restèrent pendues à son cou par une ficelle, il releva son bonnet et reprit :

« Un pauvre diable, monsieur le docteur, est étendu dans le bûcher de Réebock, derrière un tas de fagots. C'est un soldat, ou bien un caporal, ou bien un *hauptmann*[1], je ne sais pas au juste. Il se sera retiré là, pour mourir sans trouble pendant le combat. A cette heure, il faudrait dresser l'acte mortuaire ; je ne peux pas vérifier de quoi cet homme est mort ; cela n'entre pas dans mes attributions.

— C'est bien, bourgmestre, dit l'oncle en se levant, j'arrive. Mais il faudrait encore un témoin.

— Michel Furst est dehors, dit le bourgmestre ; il m'attend sur la porte. Quelle neige ! quelle neige ! jusqu'aux genoux, monsieur le docteur. Ça fera du bien aux semailles, et aux armées de Sa Majesté, qui vont prendre leurs quartiers d'hiver. Que Dieu les bénisse ! J'aime mieux qu'elles les prennent du côté de Kaiserslautern qu'ici : on n'a jamais de meilleur ami que soi-même. »

Tandis que le bourgmestre se faisait ces réflexions, l'oncle mettait ses bottes, sa grosse houppelande et son bonnet de loutre. Après quoi il dit :

« M'y voilà ! »

Ils sortirent, et, malgré les prières de Lisbeth, qui voulait me retenir, je n'eus rien de plus pressé que de m'échapper et de les suivre à la piste ; la curiosité du diable m'avait repris : je voulais voir le soldat.

L'oncle Jacob, le bourgmestre et Furst marchaient seuls dans la rue déserte ; mais à mesure qu'ils avançaient, des figures se montraient aux vitres des maisons, et l'on entendait des portes s'ouvrir au loin. Les gens, voyant passer le bourgmestre, le médecin et le garde champêtre, pensaient qu'il devait y avoir quelque chose d'extraordinaire ; plusieurs même sortaient, mais ne découvrant rien, ils rentraient aussitôt.

En arrivant à la maison de Réebock,—l'une des plus vieilles du village, avec grange, écuries et hangar derrière sur les champs, les étables de chaume tout moisi, à droite,— en arrivant là, le bourgmestre, Furst et l'oncle entrèrent dans la petite allée sombre, aux dalles concassées.

Je les suivais, ils ne me voyaient pas.

Le vieux Réebock, qui les avait vus passer devant ses petites fenêtres, ouvrit la chambre, pleine de vapeur comme une étuve, où se tenaient la vieille grand'mère, ses deux fils et ses deux brus.

Leur chien, au long poil gris et la queue traînante, sortit aussi, et flaira Scipio qui me suivait et qui se redressa fièrement, tandis que l'autre tournait autour de lui pour faire connaissance.

« Je vais vous montrer, dit le vieux Réebock, c'est là-bas, au fond... derrière la grange.

—Non, restez, père Réebock, répondit l'oncle ; il fait froid, vous êtes vieux ; votre fils nous montrera cela. »

Mais le fils, après avoir découvert le soldat, s'était sauvé.

Le vieux marcha devant. Nous suivions à la file. Il faisait extrêmement noir dans l'allée. En passant nous vîmes l'étable éclairée par une vitre dans le toit, cinq chèvres aux mamelles gonflées, qui nous regardèrent de leurs yeux d'or, et deux biquets, qui se mirent à chevroter d'une voix plaintive et grêle ; puis l'écurie, les deux bœufs et la vache, avec leur râtelier vermoulu et leur litière de feuilles mortes. Les animaux se retournèrent en silence.

Nous filions le long du mur ; quelque chose déboula sous mes pieds, c'était un lapin qui disparut sous la crèche ; Scipio ne bougea point.

Plus loin nous arrivâmes à la grange, basse, encombrée de paille et de foin jusqu'au toit. Tout au fond nous vîmes une lucarne bleuâtre, donnant sur le jardin ; un grand tas de bûches et quelques fagots rangés contre le mur recevaient sa lumière ; plus bas tout était sombre.

Chose bizarre, dans la lucarne se tenaient un coq et deux ou trois poules, la tête sous l'aile, se détachant en noir sur cette lumière.

D'abord je ne vis pas grand'chose, à cause de l'obscurité. Tout le monde s'était arrêté. On entendait les poules caqueter tout bas.

« J'aurais peut-être bien fait d'allumer la lanterne, dit le vieux Réebock ; on ne voit pas bien clair. »

[1] Capitaine.

Comme il parlait, j'aperçus à droite de la lucarne, étendu contre le mur, entre deux fagots, un grand manteau rouge, puis, en regardant mieux, une tête noire avec de longues moustaches jaunâtres : le coq venait de sauter de la lucarne et avait donné du jour.

Alors la peur s'empara de moi ; si je n'avais pas senti Scipio contre ma jambe, je me serais enfui.

« Je vois, fit l'oncle, je vois ! »

Et il s'approcha en disant :

« C'est un Croate. Voyons, Furst, il faudrait le tirer un peu sur le devant. »

Mais Furst ne bougeait pas, ni le bourgmestre.

L'oncle alors tira l'homme par une jambe et le fit glisser en pleine lumière : il avait la tête couleur de brique, les yeux enfoncés, le nez mince, les lèvres serrées, une touffe roussâtre au menton.

L'oncle ouvrit la boucle du manteau, en rejetant les plis sur les bûches, et nous vîmes que le Croate tenait son sabre à longue lame bleue recourbée. Au côté gauche de sa veste, une large plaque noire indiquait qu'il avait saigné là. L'oncle défit les boutons et dit :

« Il est mort d'un coup de baïonnette, sans doute pendant la dernière rencontre. Il se sera retiré de la bagarre. Ce qui m'étonne, père Réebock, c'est qu'il n'ait pas frappé à votre porte et qu'il soit venu mourir si loin.

— Nous étions tous cachés dans la cave, dit le vieux ; la porte de la chambre était fermée. Nous avons entendu courir dans l'allée, mais il y avait tant de bruit dehors ! Je crois plutôt que ce pauvre homme aura voulu se sauver à travers la maison ; malheureusement il n'y avait pas de porte derrière. Un Républicain l'aura suivi comme une bête sauvage, jusqu'au fond de la grange. Nous n'avons pas vu de sang dans l'allée. C'est ici, dans l'ombre, qu'ils auront livré bataille ; et l'autre, après lui avoir donné ce mauvais coup, sera ressorti tranquillement. Voilà ce que je pense. Sans cela nous aurions trouvé du sang quelque part ; mais personne n'a rien vu, ni dans l'étable, ni dans l'écurie. Ce n'est que ce matin, quand nous avons eu besoin de gros bois pour le fourneau, que Sépel, en entrant au bûcher, a découvert le malheureux. »

En écoutant ces explications, chacun se représentait le Républicain, avec sa grande tignasse en boudin et son grand chapeau à cornes, poursuivant le Croate dans l'obscurité, et cela faisait frémir.

« Oui, dit l'oncle en se redressant et regardant le bourgmestre d'un air triste, c'est ainsi que doivent s'être passées les choses. »

Tout le monde devenait rêveur ; le silence, auprès de ce mort, vous donnait froid.

« Enfin voilà le décès constaté, fit l'oncle au bout d'un instant, nous pouvons partir. »

Puis se ravisant :

« Peut-être y aurait-il moyen de savoir quel est cet homme ! »

Il s'agenouilla de nouveau, mit la main dans une poche de la veste et trouva des papiers. En même temps il tira une chaînette de cuivre en travers de la poitrine, et une grosse montre d'argent sortit du gousset du pantalon.

« Tenez, voici la montre, dit-il au bourgmestre ; je garde les papiers pour dresser l'acte.

— Gardez tout, monsieur le docteur, répondit le bourgmestre ; je n'aimerais pas emporter dans ma demeure une montre qui a déjà marqué la mort d'une créature de Dieu... non ! gardez tout. Plus tard nous recauserons de cela. Maintenant nous pouvons partir.

— Oui ; et vous pouvez aussi envoyer Jeffer. »

L'oncle, m'apercevant alors, dit :

« Te voilà, Fritzel ? Il faut donc que tu voies tout ? »

Il ne me fit pas d'autres reproches, et nous rentrâmes ensemble à la maison. Le bourgmestre et Furst s'en étaient allés chez eux.

Tout en marchant, l'oncle parcourait les papiers du Croate. En ouvrant la porte de notre chambre, nous vîmes que la femme venait de prendre un bouillon, les rideaux étaient encore ouverts et l'assiette sur la table de nuit.

« Eh bien, madame, dit l'oncle Jacob en souriant, vous allez mieux ? »

Alors, elle, qui s'était retournée et qui le regardait avec douceur de ses grands yeux noirs, répondit :

« Oui, monsieur le docteur, vous m'avez sauvée, je me sens revivre. »

Puis, au bout d'une seconde, elle ajouta d'un ton plein de compassion :

« Vous venez encore de reconnaître une malheureuse victime de la guerre ! »

L'oncle comprit qu'elle avait tout entendu, lorsque le bourgmestre était venu le prendre une demi-heure avant.

« C'est vrai, dit-il, c'est vrai, madame ; encore un malheureux qui ne reverra plus le toit de sa maison, encore une pauvre mère qui n'embrassera plus son fils. »

La femme semblait émue et demanda tout bas :

« C'est un des nôtres ?

— Non, madame, c'est un Croate. Je viens de lire en marchant une lettre que sa mère lui écrivait il y a trois semaines. La pauvre femme lui recommande de ne pas oublier ses prières

Alors la peur s'empara de moi. (Page 31.)

du matin et du soir et de bien se conduire. Elle lui parle avec tendresse, comme à un enfant. C'était pourtant un vieux soldat, mais elle le voyait sans doute encore tout rose et tout blond, comme le jour où, pour la dernière fois, elle l'avait embrassé en sanglotant. »

La voix de l'oncle en parlant de ces choses, s'attendrissait; il regardait la femme qui, de son côté, semblait aussi touchée.

« Oui, vous avez raison, dit-elle, ce doit être affreux d'apprendre qu'on ne verra plus son enfant. Moi, du moins, j'ai la consolation de ne pouvoir plus causer d'aussi grandes douleurs à ceux qui m'aimaient. »

Alors elle détourna la tête, et l'oncle, devenu très-grave, lui demanda :

« Vous n'êtes pourtant pas seule au monde ?

—Je n'ai plus ni père ni mère, fit-elle d'une voix basse; mon père était chef du bataillon que vous avez vu; j'avais trois frères, nous étions tous partis ensemble en 92, de Fénétrange en Lorraine. Maintenant trois sont morts, le père et les deux aînés; il ne reste plus que moi et Jean, le petit tambour. »

La femme, en disant cela, semblait prête à fondre en larmes. L'oncle, le front penché, les mains croisées sur le dos, se promenait de long en large dans la chambre. Le silence revenait.

Tout à coup la Française reprit :

« J'aurais quelque chose à vous demander, monsieur le docteur?

—Quoi, madame?

—Ce serait d'écrire à la mère du malheu-

« Portez armes ! » (Page 36.)

reux Croate. C'est terrible, sans doute, d'apprendre la mort de son fils, mais de l'attendre toujours, d'espérer pendant des années qu'il reviendra, et de voir qu'il n'arrive pas, même à la dernière heure, ce doit être plus cruel encore. »

Elle se tut, et l'oncle tout rêveur répondit :

« Oui... oui... c'est une bonne pensée ! Fritzel, apporte l'encre et le papier. Quelle misère, mon Dieu ! dire qu'on annonce des choses pareilles, et que ce sont encore de bonnes actions ! Ah ! la guerre... la guerre ! »

Il s'assit et se mit à écrire.

Lisbeth entrait alors pour mettre la nappe; elle déposa les assiettes et la miche sur le buffet. Midi sonnait; la femme semblait s'être assoupie.

Enfin l'oncle finit sa lettre; il la plia, la cacheta, écrivit l'adresse et me dit :

« Va, Fritzel, jette cette lettre à la boîte, et dépêche-toi. Tu demanderas aussi le journal à la mère Eberhardt; c'est samedi, nous aurons des nouvelles de la guerre. »

Je sortis en courant et je mis la lettre à la boîte du village. Mais le journal n'était pas arrivé; Clémentz avait été retenu par les neiges, ce qui n'étonna pas l'oncle, pareille chose arrivant presque tous les hivers.

VIII

En revenant de la poste, j'avais aperçu tout au loin, dans la grande prairie communale, derrière l'église, Hans Aden, Frantz Sépel et bien d'autres de mes camarades qui glissaient sur le guévoir. On les voyait prendre leur élan à la file, et partir comme des flèches, les reins pliés et les bras en l'air pour tenir l'équilibre; on entendait le bruit prolongé de leurs sabots sur la glace et leurs cris de joie.

Comme mon cœur galopait en les voyant! comme j'aurais voulu pouvoir les rejoindre! Malheureusement l'oncle Jacob m'attendait alors, et je rentrai la tête pleine de ce joyeux spectacle. Pendant tout le dîner, l'idée de courir là-bas ne me quitta pas une seconde; mais je me gardai bien d'en parler à l'oncle, car il me défendait toujours de glisser sur le guévoir, à cause des accidents. Enfin, il sortit pour aller faire une visite à M. le curé, qui souffrait de ses rhumatismes.

J'attendis qu'il fût entré dans la grande rue, puis je sifflai Scipio, et je me mis à courir jusqu'à la ruelle des Houx, comme un lièvre. Le caniche bondissait derrière moi, et ce n'est que dans la petite allée pleine de neige que nous reprîmes haleine.

Je croyais retrouver tous mes camarades sur le guévoir, mais ils étaient allés dîner; je ne vis, au tournant de l'église, que les grandes glissades désertes. Il me fallut donc glisser seul, et, comme il faisait froid, au bout d'une demi-heure j'en eus bien assez.

Je reprenais le chemin du village, quand Hans Aden, Frantz Sépel et deux ou trois autres, les joues rouges, le bonnet de coton tiré sur les oreilles et les mains dans les poches, débouchèrent d'entre les haies couvertes de givre.

« Tiens! c'est toi, Fritzel! me dit Hans Aden; tu t'en vas?

—Oui, je viens de glisser, et l'oncle Jacob ne veut pas que je glisse; j'aime mieux m'en aller.

—Moi, dit Frantz Sépel, j'ai fendu mon sabot sur la glace ce matin, et mon père l'a raccommodé. Voyez un peu. »

Il défit son sabot et nous le montra. Le père Frantz Sépel avait mis une bande de tôle en travers, avec quatre gros clous à tête pointue. Cela nous fit rire, et Frantz Sépel s'écria :

« Ça, ce n'est pas commode pour glisser! Écoutez, allons plutôt en traîneau; nous mon- terons sur l'Altenberg, et nous descendrons comme le vent. »

L'idée d'aller en traîneau me parut alors si magnifique, que je me voyais déjà dessus, descendant la côte en trépignant des talons, et criant d'une voix qui montait jusqu'aux nuages : « Himmelsfarth! Himmelsfarth! »

J'en avais des éblouissements.

« Oui, dit Hans Aden; mais comment avoir un traîneau?

—Laissez-moi faire, répondit Frantz Sépel, le plus malin de nous tous. Mon père en avait un l'année dernière, mais il était tout vermoulu, la grand'mère en a fait du feu. C'est égal, arrivez toujours. »

Nous le suivîmes pleins de doute et d'espérance. Tout en descendant la grande rue, devant chaque hangar nous faisions halte, le nez en l'air, et nous regardions d'un œil d'envie les *schlittes* * pendues aux poutres.

« Ça, disait l'un, c'est une belle *schlitte*, nous pourrions tous y tenir sans gêne.

—Oui, répondait un autre, mais elle serait trop lourde à traîner sur la côte : elle est en bois vert.

—Eh! faisait Hans Aden, nous la prendrions tout de même, si le père Gitzig voulait nous la prêter; mais c'est un avare : il garde sa *schlitte* pour lui seul, comme si les *schlittes* pouvaient s'user.

—Arrivez donc! » s'écriait Frantz Sépel, qui marchait en avant.

Et toute la troupe se remettait en route. De temps en temps on regardait Scipio, qui marchait près de moi.

« Vous avez un beau chien, faisait Hans Aden, c'est un chien français; ils ont de la laine comme les moutons et se laissent tondre sans rien dire. »

Frantz Sépel soutenait qu'il avait vu, l'année précédente, à la foire de Kaiserslautern, un chien français avec des lunettes et qui comptait sur un tambour jusqu'à cent. Il devinait aussi toutes sortes de choses, et la grand'mère Anne pensait que ce devait être un sorcier.

Scipio, pendant ces discours, s'arrêtait et nous regardait. J'étais tout fier de lui. Le petit Karl, le fils du tisserand, disait que si c'était un sorcier, il pourrait nous faire avoir une *schlitte*, mais qu'il faudrait lui donner son âme

* Traîneaux.

en échange, et pas un de nous ne voulait lui donner son âme.

Nous allions donc ainsi, de maison en maison, et deux heures sonnaient à l'église, lorsque M. Richter passa sur son traîneau, en criant à sa grande bique décharnée :

« Allez, Charlotte, allez! »

La pauvre bête allongeait ses hanches, et M. Richter, contre son ordinaire, paraissait tout joyeux. En passant devant la maison du boucher Sépel, il cria :

« Bonne nouvelle, Sépel, bonne nouvelle! »

Il faisait claquer son fouet, et Hans Aden dit :

« M. Richter est un peu gris; il aura trouvé quelque part du vin qui ne lui coûtait rien. »

Alors toute la bande rit de bon cœur, car tout le village savait que Richter était un avare.

Nous étions arrivés au bout de la grande rue, devant la maison du père Adam Schmitt, un vieux soldat de Frédéric II, qui recevait une petite pension pour acheter son pain et son tabac, et le temps en temps du *schnaps* *.

Adam Schmitt avait fait la guerre de Sept ans et toutes les campagnes de Silésie et de Poméranie. Maintenant il était tout vieux, et, depuis la mort de sa sœur Rœsel, il vivait seul dans la dernière maison du village, une petite maison couverte de chaume, n'ayant qu'une seule pièce en bas, une au-dessus et le toit avec ses deux lucarnes. Elle avait aussi son hangar sur le côté, derrière un réduit à porcs, et vers le village, un petit jardin entouré de haies vives, que le père Schmitt cultivait avec soin.

L'oncle Jacob aimait ce vieux soldat; quelquefois, en le voyant passer, il frappait à la vitre et lui criait : « Adam, entrez donc ! »

Aussitôt l'autre entrait, sachant que l'oncle avait du véritable cognac de France dans une armoire, et qu'il l'appelait pour lui offrir un petit verre.

Nous fîmes donc halte devant sa maison, et Frantz Sépel, se penchant sur la baie, nous dit :

« Regardez-moi ce traîneau. Je parie que le père Schmitt nous le prêtera, pourvu que Fritzel entre hardiment, qu'il mette la main à côté de l'oreille du vieux, et qu'il dise : « Père Adam, prêtez-nous votre *schlitte!* » Oui, je parie qu'il nous le prêtera, j'en suis sûr; seulement il faut du courage. »

J'étais devenu tout rouge; d'un œil je regardais le traîneau, et de l'autre la petite fenêtre à ras de terre. Tous les camarades, au coin de la maison, me poussaient par l'épaule en disant :

* Eau-de-vie.

« Entre, il te le prêtera ! »

—Je n'ose pas, leur disais-je tout bas.

—Tu n'as pas de courage, répondait Hans Aden; à ta place, moi, j'entrerais tout de suite.

—Laissez-moi seulement regarder un peu s'il est de bonne humeur. »

Alors je me penchai vers la petite fenêtre, et, regardant du coin de l'œil, je vis le père Schmitt assis sur un escabeau, devant la pierre de l'âtre, où brillaient quelques braises au milieu d'un tas de cendres. Il nous tournait le dos; on ne voyait que sa longue échine, ses épaules voûtées, sa petite veste de toile bleue, qui ne rejoignait pas sa culotte de grosse toile grise, tant elle était courte, sa touffe de cheveux blancs tombant sur la nuque, son bonnet de coton bleu, la houppe sur le front, ses larges oreilles rouges écartées de la tête, et ses gros sabots appuyés sur la pierre de l'âtre. Il fumait sa pipe de terre, qui dépassait un peu de côté sa joue creuse.

Voilà tout ce que je vis, avec les dalles cassées de la masure, et dans le fond, à gauche, une sorte de crèche hérissée de paille. Cela ne m'inspirait pas beaucoup de confiance, et je voulais me sauver, lorsque tous les autres me poussèrent dans l'allée en disant tout bas :

« Fritzel... Fritzel... il te le prêtera, bien sûr!

—Non!

—Si !

—Je ne veux pas. »

Mais Hans Aden avait ouvert la porte, et j'étais déjà dans la chambre avec Scipio, les autres, derrière moi, penchés, les yeux écarquillés, regardant et prêtant l'oreille.

Oh ! comme j'aurais voulu m'échapper! Malheureusement Frantz Sépel, du dehors, retenait la porte à demi fermée ; il n'y avait de place que pour sa tête et celle de Hans Aden, debout sur la pointe des pieds derrière lui.

Le vieux Schmitt s'était retourné :

« Tiens! c'est Fritzel! dit-il en se levant. Qu'est-ce qui se passe donc? »

Il ouvrit la porte, et toute la bande s'enfuit comme une volée d'étourneaux. Je restai seul. Le vieux soldat me regardait tout étonné.

« Qu'est-ce que vous voulez donc, Fritzel? » fit-il en prenant une braise sur l'âtre pour rallumer sa pipe éteinte.

Puis, voyant Scipio, il le contempla gravement, en tirant de grosses bouffées de tabac.

Moi, j'avais repris un peu d'assurance.

« Père Schmitt, lui dis-je, les autres veulent que je vous demande votre traîneau, » pour descendre de l'Altenberg. »

Le vieux soldat, en face du caniche, clignait de l'œil et souriait. Au lieu de répondre, il se gratta l'oreille en relevant son bonnet, et me demanda :

« C'est à vous, ce chien, Fritzel?

—Oui, père Adam, c'est le chien de la femme que nous avons chez nous.

—Ah bon! ça doit être un chien de soldat; il doit connaître l'exercice. »

Scipio nous regardait le nez en l'air, et le père Schmitt, retirant la pipe de ses lèvres, dit :

« C'est un chien de régiment; il ressemble au vieux Michel, que nous avions en Silésie. »

Alors, élevant la pipe, il s'écria : « Portez armes! » d'une voix si forte, que toute la baraque en retentit.

Mais quelle ne fut pas ma surprise, de voir Scipio s'asseoir sur son derrière, les pattes de devant pendantes, et se tenir comme un véritable soldat!

« Ha! ha! ha! s'écria le vieux Schmitt, je le savais bien! »

Tous les camarades étaient revenus; les uns regardaient par la porte entr'ouverte, les autres par la fenêtre. Scipio ne bougeait pas, et le père Schmitt, aussi joyeux qu'il avait paru grave auparavant, lui dit :

« Attention au commandement de marche! »

Puis, imitant le bruit du tambour, et marchant en arrière sur ses gros sabots, il se mit à crier :

« *Arche!* Pan... pan... rantanplan... Une... *deusse...* Une... *deusse!* »

Et Scipio marchait avec une mine grave étonnante, ses longues oreilles sur les épaules et la queue en trompette.

C'était merveilleux; mon cœur sautait.

Tous les autres, dehors, paraissaient confondus d'admiration.

« Halte! » s'écria Schmitt, et Scipio s'arrêta.

Alors je ne pensais plus à la *schlitte;* j'étais tellement fier des talents de Scipio, que j'aurais voulu courir à la maison, et crier à l'oncle : « Nous avons un chien qui fait l'exercice! »

Mais Hans Aden, Frantz Sépel et tous les autres, encouragés par la bonne humeur du vieux soldat, étaient entrés, et se tenaient en extase, le dos à la porte et le bonnet sous le bras.

« En place, repos! dit le père Schmitt, et Scipio retomba sur ses quatre pattes, en secouant la tête et se grattant la nuque avec une patte de derrière, comme pour dire : « Depuis deux minutes une puce me démange; mais on n'ose pas se gratter sous les armes! »

J'étais devenu muet de joie en voyant ces choses, et je n'osais appeler Scipio, de peur de lui faire honte; mais il vint se ranger de lui-même près de moi, modestement, ce qui me

combla de satisfaction; je me considérais en quelque sorte comme un feld-maréchal à la tête de ses armées; tous les autres me portaient envie.

Le père Schmitt regardait Scipio d'un air attendri; on voyait qu'il lui rappelait le bon temps de son régiment.

« Oui, fit-il au bout de quelques instants, c'est un vrai chien de soldat. Mais reste à savoir s'il connaît la politique, car beaucoup de chiens ne savent pas la politique. »

En même temps, il prit un bâton derrière la porte et le mit en travers, en criant :

« Attention au mot d'ordre! »

Scipio se tenait déjà prêt.

« Saute pour la République! » cria le vieux soldat.

Et Scipio sauta par-dessus le bâton, comme un cerf.

« Saute pour le général Hoche! »

Scipio sauta.

« Saute pour le roi de Prusse! »

Mais alors Scipio s'assit sur sa queue d'un air très-ferme, et le vieux bonhomme se mit à sourire tout bas, les yeux plissés, en disant :

« Oui, il connaît la politique... hé! hé! hé! Allons... arrive! »

Il lui passa la main sur la tête, et Scipio parut très-content.

« Fritzel, me dit alors le père Schmitt, vous avez un chien qui vaut son pesant d'or; c'est un vrai chien de soldat. »

Et, nous regardant tous, il ajouta :

« Puisque vous avez un si bon chien, je vais vous prêter ma *schlitte;* mais vous me la ramènerez à cinq heures, et prenez garde de vous casser le cou. »

Il sortit avec nous et décrocha son traîneau du hangar.

Mon esprit se partageait alors entre le désir d'aller annoncer à l'oncle les talents extraordinaires de Scipio, ou de descendre l'Altenberg sur notre *schlitte.* Mais quand je vis Hans Aden, Frantz Sépel, tous les camarades, les uns devant, les autres derrière, pousser et tirer en galopant comme des bienheureux, je ne pus résister au plaisir de me joindre à la bande.

Schmitt nous regardait de sa porte.

« Prenez garde de rouler! » nous dit-il encore.

Puis il rentra, pendant que nous filions dans la neige. Scipio sautait à côté de nous. Je vous laisse à penser notre joie, nos cris et nos éclats de rire jusqu'au sommet de la côte.

Et quand nous fûmes en haut, Hans Aden devant, les deux mains cramponnées aux patins recourbés, nous autres derrière, assis trois à trois, Scipio au milieu, et que tout à coup la *schlitte* partit, ondulant dans les ornières et filant par-dessus les rampes : quel enthousiasme !

Ah ! l'on n'est jeune qu'une fois !

Scipio, à peine le traîneau parti, avait passé d'un bond par-dessus nos têtes. Il aimait mieux courir, sauter, aboyer, se rouler dans la neige comme un véritable enfant, que d'aller en *schlitte*. Mais tout cela ne nous empêchait pas de conserver un grand respect pour ses talents; chaque fois que nous remontions et qu'il marchait près de nous plein de dignité, l'un ou l'autre se retournait, et, tout en poussant, disait :

« Vous êtes bien heureux, Fritzel, d'avoir un chien pareil; Schmitt Adam dit qu'il vaut son pesant d'or.

—Oui, mais il n'est pas à eux, criait un autre il est à la femme. »

Cette idée que le chien était à la femme me rendait tout inquiet, et je pensais : « Pourvu qu'ils restent tous les deux à la maison ! »

Nous continuâmes à monter et à descendre ainsi jusque vers quatre heures. Alors la nuit commençait à se faire, et chacun se rappela notre promesse au père Schmitt. Nous reprîmes donc le chemin du village. En approchant de la demeure du vieux soldat, nous le vîmes debout sur sa porte. Il nous avait entendus rire et causer de loin.

« Vous voilà ! s'écria-t-il ; personne ne s'est fait de mal ?

—Non, père Schmitt.

—A la bonne heure. »

Il remit sa *schlitte* sous le hangar, et moi, sans dire ni bonjour ni bonsoir, je partis en courant, heureux d'annoncer à l'oncle quel chien nous avions l'honneur de posséder. Cette idée me rendait si content, que j'arrivai chez nous sans m'en apercevoir; Scipio était sur mes talons.

« Oncle Jacob, m'écriai-je en ouvrant la porte, Scipio connaît l'exercice ! le père Schmitt a vu tout de suite que c'était un véritable chien de soldat; il l'a fait marcher sur les pattes de derrière comme un grenadier, rien qu'en disant : « Une... *deusse!* »

L'oncle lisait derrière le fourneau; en me voyant si enthousiaste, il déposa son livre au bord de la cheminée et me dit d'un air émerveillé :

« Est-ce bien possible, Fritzel? Comment!... comment!...

—Oui ! m'écriai-je, et il sait aussi la politique : il saute pour la République, pour le général Hoche, mais il ne veut pas sauter pour le roi de Prusse. »

L'oncle alors se mit à rire, et, regardant la femme, qui souriait aussi dans l'alcôve, le coude sur l'oreiller :

« Madame Thérèse, dit-il d'un ton grave, vous ne m'aviez pas encore parlé des beaux talents de votre chien. Est-il bien vrai que Scipio sache tant de belles choses?

—C'est vrai, monsieur le docteur, dit-elle en caressant le caniche qui s'était approché du lit et qui lui tendait la tête d'un air joyeux; oui, il sait tout cela, c'était l'amusement du bataillon; Petit-Jean lui montrait tous les jours quelque chose de nouveau. N'est-ce pas, mon pauvre Scipio, tu jouais à la drogue, tu remuais les dés pour la bonne chance, tu battais la diane? Combien de fois notre père et les deux aînés, à la grande halte, ne se sont-ils pas réjouis de te voir monter la garde? Tu faisais rire tout notre monde par ton air grave et tes talents; on oubliait les fatigues de la route autour de toi, on riait de bon cœur ! »

Elle disait ces choses, tout attendrie, d'une voix douce, en souriant un peu tout de même. Scipio avait fini par se dresser, les pattes au bord du lit, pour entendre son éloge.

Mais l'oncle Jacob, voyant que madame Thérèse s'attendrissait de plus en plus à ces souvenirs, ce qui pouvait lui faire du mal, me dit :

« Je suis bien content, Fritzel, d'apprendre que Scipio sache faire l'exercice et qu'il connaisse la politique; mais toi, qu'as-tu fait depuis midi?

—Nous avons été en traîneau sur l'Altenberg, oncle; le père Adam nous a prêté sa *schlitte*.

—C'est très-bien. Mais tous ces événements nous ont fait oublier M. de Buffon et Klopstock; si cela continue, Scipio en saura bientôt plus que toi. »

En même temps il se leva, prit dans l'armoire l'*Histoire naturelle* de M. de Buffon, et posant la chandelle sur la table :

« Allons, Fritzel, me dit-il, souriant en lui-même de ma mine longue, car je me repentais d'être revenu si tôt, allons ! »

Il s'assit et me fit asseoir sur ses genoux.

Cela me parut bien amer, de me remettre à M. de Buffon après huit jours de bon temps; mais l'oncle avait une patience qui me forçait d'en avoir aussi, et nous commençâmes la leçon de français.

Cela dura bien une heure, jusqu'au moment où Lisbeth vint mettre la nappe. Alors, en nous retournant, nous vîmes que madame Thérèse s'était assoupie. L'oncle ferma le livre et tira les rideaux, pendant que Lisbeth plaçait les couverts.

IX

Ce même soir, après le souper, l'oncle Jacob fumait sa pipe en silence derrière le fourneau. Moi, je séchais le bas de mon pantalon, assis devant la petite porte de tôle, la tête de Scipio entre les genoux, et je regardais le reflet rouge de la flamme avancer et reculer sur le plancher. Lisbeth avait emporté la chandelle selon son habitude; nous étions dans l'obscurité; le feu bourdonnait comme au temps des grands froids, la pendule marchait lentement, et dehors, dans la cuisine, nous entendions la vieille servante laver les assiettes sur l'évier.

Que d'idées me passaient alors par la tête! Tantôt je songeais au soldat mort dans la grange de Réebock, au coq noir de la lucarne; tantôt au père Schmitt faisant faire l'exercice à Scipio; puis à l'Altenberg, à la descente de notre traîneau. Tout cela me revenait comme un rêve; les sifflements plaintifs du feu me paraissaient être la musique de ces souvenirs, et je sentais tout doucement mes yeux se fermer.

Cela durait depuis environ une demi-heure, lorsque je fus réveillé par un bruit de sabots dans l'allée, en même temps, la porte s'ouvrit, et la voix joyeuse du mauser dit dans la chambre :

« De la neige, monsieur le docteur, de la neige! Elle recommence à tomber, nous en avons encore pour toute la nuit. »

Il paraît que l'oncle avait fini par s'assoupir, car seulement au bout d'un instant, je l'entendis se remuer et répondre :

« Que voulez-vous, mauser, c'est la saison; il faut s'attendre à cela maintenant. »

Puis il se leva et alla dans la cuisine chercher de la lumière.

Le mauser s'approchait dans l'ombre.

« Tiens! Fritzel est là! dit-il. Tu n'as donc pas encore sommeil? »

L'oncle rentrait. Je tournai la tête, et je vis que le mauser avait ses habits d'hiver : son vieux bonnet de martre, la queue râpée pendant sur le dos, sa veste en peau de chèvre, le poil en dedans, son gilet rouge, les poches ballottant sur les cuisses, et sa vieille culotte de velours brun, ornée de pièces aux genoux. Il souriait, en plissant ses petits yeux, et tenait quelque chose sous le bras.

« Vous venez pour la gazette, mauser? dit l'oncle. Elle n'est pas arrivée ce matin, le messager est en retard.

—Non, monsieur le docteur, non; je viens pour autre chose. »

Il déposa sur la table un vieux livre carré, à couvercle de bois d'au moins trois lignes d'épaisseur, et tout couvert de larges pattes en cuivre, représentant des feuilles de vigne; les tranches étaient toutes noires et graisseuses à force de vieillesse, et de chaque page sortaient des cordons et des ficelles, pour marquer les bons endroits.

« Voilà pourquoi j'arrive! dit le mauser; je n'ai pas besoin de nouvelles, moi; quand je veux savoir ce qui se passe dans le monde, j'ouvre et je regarde. »

Alors il sourit, et ses longues dents jaunes apparurent sous les quatre poils de ses moustaches, effilées comme des aiguilles.

L'oncle ne disait rien; il approcha la table du fourneau et s'assit dans son coin.

« Oui, reprit le mauser, tout est là-dedans; mais il faut comprendre... il faut comprendre, fit-il en se touchant la tête d'un air rêveur. Les lettres ne sont rien; c'est l'esprit... l'esprit qu'il faut comprendre. »

Puis il s'assit dans le fauteuil et prit le livre sur ses cuisses maigres avec une sorte de vénération; il l'ouvrit, et, comme l'oncle le regardait :

« Monsieur le docteur, dit-il, je vous ai parlé cent fois du livre de ma tante Rœsel, de Héming; eh bien, aujourd'hui je vous l'apporte pour vous montrer le passé, le présent et l'avenir. Vous allez voir, vous allez voir! Tout ce qui est arrivé depuis quatre ans était écrit d'avance; je le comprenais bien, seulement je ne voulais pas le dire, à cause de ce Richter, qui se serait moqué de moi, car il ne voit pas plus loin que le bout de son nez. Et l'avenir est aussi là-dedans; mais je ne l'expliquerai qu'à vous, monsieur le docteur, qui êtes un homme sensé, raisonnable et clairvoyant. Voilà pourquoi j'arrive.

—Écoutez, mauser, dit l'oncle, je sais bien que tout est mystère dans ce bas monde, et je ne suis pas assez vaniteux pour refuser de croire aux prédictions et aux miracles rapportés par des auteurs graves, tels que Moïse, Hérodote, Thucydide, Tite-Live et beaucoup d'autres. Malgré cela, je respecte trop la volonté du Seigneur pour vouloir pénétrer les secrets réservés par sa sagesse infinie; j'aime mieux voir dans votre livre l'accomplissement des

chose déjà passées que l'avenir. D'abord ce
sera beaucoup plus clair.

—C'est bon, c'est bon, vous saurez tout, »
répondit le taupier, satisfait de l'air grave de
l'oncle.

Il poussa son fauteuil vers la table, posa le
livre au bord; puis, se mettant à fouiller dans
sa poche, il en tira de vieilles besicles en cuivre et les enfourcha sur son nez, ce qui lui
donnait une figure vraiment bizarre.

On peut s'imaginer mon attention : je m'é-
tais aussi rapproché de la table, les coudes au
bord, le menton dans les mains, et je regardais,
retenant mon haleine, les yeux écarquillés
jusqu'aux tempes.   .

Toujours cette scène sera présente à mon esprit : le silence profond de la chambre, le tic-
tac de l'horloge, le bruissement du feu, la
chandelle comme une étoile au milieu de
nous; en face de moi, l'oncle dans son coin
grisâtre, Scipio à mes pieds, puis le mauser,
courbé sur le livre des prédictions, et derrière
lui les petites vitres noires, où descendait la
neige dans les ténèbres; je revois tout cela, et
même il me semble entendre encore la voix de
ce pauvre vieux taupier, et celle de ce bon
oncle Jacob, descendus tous deux depuis si
longtemps dans la tombe.

C'était une scène étrange.

« Comment, mauser! dit l'oncle, vous avez
besoin de lunettes à votre âge? moi qui vous
croyais une vue excellente?

—Je n'en ai pas besoin pour lire des choses
ordinaires, ni pour regarder dehors, répondit
le taupier; j'ai de bons yeux, et d'ici jusque sur
la côte de l'Altenberg, au printemps, je vois un
nid de chenilles sur les arbres; mais vous saurez que ces lunettes sont celles de ma tante
Rœsel, de Héming, et qu'il faut les avoir pour
comprendre ce livre. Quelquefois ça me trouble, mais je lis au-dessus ou au-dessous; le
principal est que je les mis sur le nez.

—Ah! c'est différent, bien différent, dit
l'oncle d'un ton sérieux ; car il avait trop bon
cœur pour laisser voir au taupier que cela
l'étonnait. »

Aussitôt le mauser se mit à lire :

« Anno 1793.—L'herbe est séchée et la fleur
« est tombée, parce que le vent a soufflé des-
« sus! » Cela signifie que nous sommes en
hiver : l'herbe est séchée, parce que le vent a
soufflé dessus. »

L'oncle inclina la tête, et le taupier poursuivit :

« Les îles ont vu et ont été saisies de crainte;
« les bouts de la terre ont été effrayés; ils se
« sont approchés et sont venus. » Ça, monsieur
le docteur, c'est pour faire entendre que l'An-

gleterre, et même les îles qui sont plus loin
dans la mer, ont été effrayées à cause des Républicains. « Ils se sont approchés et sont venus! » Tout le monde sait que les Anglais ont
débarqué en Belgique pour faire la guerre aux
Français. Mais, écoutez bien le reste : « En ce
« temps-là, les conducteurs des peuples seront
« comme le feu d'un foyer parmi du bois, et
« comme un flambeau parmi des gerbes; ils
« dévoreront à droite et à gauche tous les
« pays. »

Le mauser alors leva le doigt d'un air grave
et dit :

« Ça, ce sont les rois et les empereurs qui
s'avancent au milieu de leurs armées, et qui
dévorent tout dans les pays qu'ils traversent.
Nous connaissons malheureusement ces choses
pour les avoir vues; notre pauvre village s'en
souviendra longtemps. »

Et comme l'oncle ne répondait pas, il reprit :

« En ce temps-là, malheur au pasteur du
« néant qui abandonnera son troupeau; l'épée
« tombera de son bras et son œil droit sera
« entièrement obscurci. » Nous voyons, par
ces mots, l'évêque de Mayence, avec sa nour-
rice et ses cinq maîtresses, qui s'est sauvé l'année dernière, à l'arrivée du général Custine.
C'était un vrai pasteur du néant, qui faisait le
scandale de tout le pays : son bras s'est desse-
ché et son œil droit s'est obscurci.

—Mais, dit l'oncle, songez donc, mauser, que
cet évêque n'était pas le seul, et qu'il y en avait
beaucoup ayant la même conduite, en Allemagne, en France, en Italie et dans tout le
monde.

—Raison de plus, monsieur le docteur, répondit le taupier, le livre parle pour toute la
terre, « car,—fit-il, le doigt appuyé sur la page,
« —car, en ce temps-là, dit l'Éternel, j'ôterai
« du monde les faux prophètes, les faiseurs de
« miracles et l'esprit d'impureté. » Qu'est-ce
que cela peut signifier, docteur Jacob, sinon
tous ces hommes qui parlent sans cesse d'amour
du prochain, pour obtenir notre argent; qui ne
croient à rien, et nous menacent de l'enfer; qui
s'habillent de pourpre et d'or, et nous prêchent
l'humilité; qui disent : « Vendez tous vos biens
« pour suivre le Christ! » et ne font qu'entas-
ser richesses sur richesses, dans leurs palais et
leurs couvents; qui nous recommandent la foi
et rient entre eux des simples qui les écoutent?...—N'est-ce pas l'esprit d'impureté?

—Oui, dit l'oncle, c'est abominable.

—Eh bien, c'est pour eux, c'est pour tous les
mauvais pasteurs, que ces choses sont écrites, »
dit le taupier.

Puis il reprit :

« En ce temps-là, il y aura aux montagnes

« Ah! l'on n'est jeune qu'une fois! » (Page 37.)

« le bruit d'une multitude, tel que celui d'un
« grand peuple qui se lève, un bruit de nation
« assemblée. C'est pourquoi les peuples d'alen-
« tour écouteront, et tout cœur d'homme se
« fondra. Et les orgueilleux seront éperdus; le
« monde sera en travail comme celle qui en-
« fante; les bons se regarderont avec des vi-
« sages enflammés; ils entendront pour la
« première fois parler de grandes choses; ils
« sauront que tous sont égaux à la face de
« l'Éternel, que tous sont nés pour la justice,
« comme les arbres des forêts pour la lu-
« mière! »

—Est-ce bien écrit cela, mauser? demanda
l'oncle.

—Voyez-vous-même, » répondit le taupier
en lui remettant le livre.

Alors l'oncle Jacob, les yeux troubles, regarda :

« Oui, c'est écrit, fit-il à voix basse, c'est
écrit! Ah! puisse l'Éternel accomplir de si
grandes choses de notre temps! puisse-t-il réjouir notre cœur d'un tel spectacle! »

Et s'arrêtant tout à coup, comme étonné de
son propre enthousiasme :

« Est-il possible qu'à mon âge je me laisse
encore émouvoir à ce point? Je suis un enfant,
un véritable enfant. »

Il rendit le livre au mauser, qui dit en souriant :

« Je vois bien, monsieur le docteur, que
vous comprenez ce passage comme moi : ce
bruit d'un grand peuple qui se lève, c'est la
France qui proclame les droits de l'homme. »

C'était notre ami Koffel... (Page 31.)

—Comment! vous croyez que cela se rapporte à la Révolution française? demanda l'oncle.

—Eh! à quoi donc? fit le mauser; c'est clair comme le jour. »

Puis il remit ses besicles, qu'il avait ôtées, et lut :

« Il y a soixante et dix semaines pour consommer le péché, pour expier l'iniquité et pour amener la justice des siècles. Après quoi, les hommes jetteront aux taupes et aux chauves-souris les idoles faites d'argent. Et plusieurs peuples diront : « Forgeons les épées en hoyaux et les hallebardes en serpes! »

En cet endroit, le mauser posa ses deux coudes sur le livre, et se grattant la barbe, le nez en l'air, il parut réfléchir profondément. Moi, je ne le quittais plus de l'œil; il me semblait voir des choses étranges, un monde inconnu s'agiter dans l'ombre autour de nous; le faible petillement du feu et les soupirs de Scipio, endormi près de moi, me produisaient l'effet de voix lointaines, et même le silence m'inquiétait.

L'oncle Jacob, lui, semblait avoir repris son calme. Il venait de bourrer sa grande pipe et l'allumait avec un bout de papier, en lançant deux ou trois grosses bouffées lentement, pour bien laisser prendre le tabac. Il referma le couvercle et s'étendit dans le fauteuil en exhalant un soupir.

« Les hommes jetteront leurs idoles d'argent, » fit le mauser, ça veut dire leurs écus, leurs florins et leur monnaie de toute espèce. « Ils les jetteront aux taupes, » c'est-à-dire aux aveugles, car vous savez, monsieur le docteur, que les taupes sont aveugles; les malheureux aveugles, comme le père Harich, sont de véritables taupes; ils marchent en plein jour dans les ténèbres, comme s'ils étaient sous terre. Les hommes, dans ce temps-là, donneront donc leur argent aux aveugles et aux chauves-souris. Par chauves-souris, il faut entendre les vieilles, vieilles femmes qui ne peuvent plus travailler, qui sont chauves et qui se tiennent dans le creux des cheminées, à la manière de Christine Besme, que vous connaissez aussi bien que moi. Cette pauvre Christine est tellement maigre, et conserve si peu de cheveux, que chacun pense en la voyant : « C'est une chauve-souris. »

—Oui, oui, oui, faisait l'oncle d'un ton particulier, en balançant la tête lentement, c'est clair, mauser, c'est très-clair. Maintenant, je comprends votre livre; c'est quelque chose d'admirable !

—Les hommes donneront donc leur argent aux aveugles et aux vieilles femmes par esprit de charité, reprit le mauser, et ce sera la fin de la misère en ce monde; il n'y aura plus de pauvres « dans soixante et dix semaines, » qui ne sont pas des semaines de jours, mais des semaines de mois, et « ils aiguiseront leurs « épées en hoyaux » pour cultiver la terre et vivre en paix ! »

Cette explication des taupes et des chauves-souris m'avait tellement frappé, que je restais les yeux tout grands ouverts, m'imaginant voir s'accomplir cette transformation bizarre dans le coin où se tenait l'oncle. Je n'écoutais plus, et la voix du mauser continuait sa lecture monotone, lorsque la porte s'ouvrit de nouveau. J'en eus la chair de poule; le vieil aveugle Harich et la vieille Christine seraient entrés bras dessus bras dessous, avec leur nouvelle figure, que je n'en aurais pas été plus effrayé. Je tournai la tête, la bouche béante, et je respirai : c'était notre ami Koffel qui venait nous voir; il me fallut regarder deux fois pour bien le reconnaître, tant les idées de chauves-souris et de taupes s'étaient emparées de mon esprit.

Koffel avait son vieux tricot gris de l'hiver, son bonnet de drap tiré sur la nuque et ses gros souliers éculés, dans lesquels il mettait de vieux chaussons pour sortir; il se tenait les genoux pliés et les mains dans les poches, comme un être frileux; des flocons de neige innombrables le couvraient.

« Bonsoir, monsieur le docteur, fit-il en secouant son bonnet dans le vestibule; j'arrive tard, beaucoup de gens m'ont arrêté sur la route, au *Bœuf-Rouge* et au *Cruchon-d'Or*.

—Entrez, Koffel, lui dit l'oncle. Vous avez bien fermé la porte de l'allée ?

—Oui, docteur Jacob, ne craignez rien. »

Il entra, et souriant :

« La gazette n'est pas arrivée ce matin ? dit-il.

—Non, mais nous n'en avons pas besoin, répondit l'oncle d'un accent de bonne humeur un peu comique. Nous avons le livre du mauser, qui raconte le présent, le passé et l'avenir.

—Est-ce qu'il raconte aussi notre victoire ? » demanda Koffel en se rapprochant du fourneau.

L'oncle et le mauser se regardèrent étonnés.

« Quelle victoire? fit le mauser.

—Hé ! celle d'avant-hier, à Kaiserslautern. On ne parle que de cela dans tout le village; c'est Richter, M. Richter, qui est revenu de là-bas, vers deux heures, apporter la nouvelle. Au *Cruchon-d'Or*, on a déjà vidé plus de cinquante bouteilles en l'honneur des Prussiens; les Républicains sont en pleine déroute ! »

A peine eut-il parlé des Républicains, que nous regardâmes du côté de l'alcôve, songeant que la Française était là et qu'elle nous entendait. Cela nous fit de la peine, car c'était une brave femme, et nous pensions que cette nouvelle pouvait lui causer beaucoup de mal. L'oncle leva la main, en hochant la tête d'un air désolé; puis il se leva doucement et entr'ouvrit les rideaux pour voir si madame Thérèse dormait.

« C'est vous, monsieur le docteur, dit-elle aussitôt; depuis une heure j'écoute les prédictions du mauser, j'ai tout entendu.

—Ah ! madame Thérèse, dit l'oncle, ce sont de fausses nouvelles.

—Je ne crois pas, monsieur le docteur. Du moment qu'une bataille s'est livrée avant-hier à Kaiserslautern, il faut que nous ayons eu le dessous, sans quoi les Français auraient marché tout de suite sur Landau, pour débloquer la place et couper la retraite aux Autrichiens; leur aile droite aurait traversé le village. »

Puis élevant la voix :

« Monsieur Koffel, dit-elle, voulez-vous me dire les détails que vous savez ? »

De toutes les choses lointaines de ce temps, celle-ci surtout est restée dans ma mémoire, car, cette nuit-là, nous vîmes quelle femme nous avions sauvée, et nous comprîmes aussi quelle était cette race de Français, qui se levait en foule pour convertir le monde.

Le mauser avait pris la chandelle sur la table, et nous étions tous entrés dans l'alcôve. Moi au pied du lit, Scipio contre la jambe, je regardais en silence, et, pour la première fois, je voyais que madame Thérèse était devenue si maigre, qu'elle ressemblait à un homme : sa longue figure osseuse, au nez droit, le tour des yeux et le menton dessinés en arêtes, était appuyée sur sa main ; son bras, sec et brun, sortait presque jusqu'au coude de la grosse chemise de Lisbeth ; un mouchoir de soie rouge, noué sur le front, retombait derrière, sur sa nuque décharnée ; on ne voyait pas ses magnifiques cheveux noirs, mais seulement quelques petits au-dessous des oreilles, où pendaient deux grands anneaux d'or. Et ce qui surtout fixa mon attention, c'est qu'au bas de son cou pendait une médaille de cuivre rouge, représentant une tête de jeune fille, coiffée d'un bonnet en forme de casque ; cette relique attira mes yeux ; j'ai su depuis que c'était l'image de la République, mais alors je pensai que c'était la sainte Vierge des Français.

Comme le mauser levait la chandelle derrière nous, l'alcôve était pleine de lumière, et madame Thérèse me parut aussi beaucoup plus grande ; sa hanche, sa jambe et son pied descendaient sous la couverture jusqu'au bas du lit. Je n'avais jamais remarqué ces choses, qui me frappèrent alors. Elle regardait Koffel, qui ne quittait pas des yeux l'oncle Jacob, comme pour lui demander ce qu'il fallait faire.

« Ce sont des bruits qui courent au village, dit-il d'un air embarrassé ; ce Richter ne mérite pas pour deux liards de confiance.

—C'est égal, monsieur Koffel, racontez-moi cela, dit-elle ; M. le docteur le permet. N'est-ce pas, monsieur le docteur, vous le permettez ?

—Sans doute, fit l'oncle d'un air de regret. Mais il ne faut pas croire tout ce qu'on rapporte.

—Non..., on exagère, je le sais bien ; mais il vaut mieux savoir les choses que de se figurer mille idées ; cela tourmente moins. »

Koffel se mit donc à raconter que deux jours avant les Français avaient attaqué Kaiserslautern, et que, depuis sept heures du matin jusqu'à la nuit, ils avaient livré de terribles combats pour entrer dans les retranchements ; que les Prussiens les avaient écrasés par milliers ; qu'on ne voyait que des morts dans les ravins, sur la côte, le long des routes et dans la Lauter ; que les Français avaient tout abandonné : leurs canons, leurs caissons, leurs fusils et leurs gibernes ; qu'on les massacrait partout, et que la cavalerie de Brunswick, envoyée à leur poursuite, faisait des prisonniers en masse.

Madame Thérèse, le menton appuyé sur la main, les yeux fixés au fond de l'alcôve et les lèvres serrées, ne disait rien. Elle écoutait, et de temps en temps, lorsque Koffel voulait s'ar-

rêter,—car de raconter ces choses devant cette pauvre femme, cela lui faisait beaucoup de peine,—elle lui lançait un regard très-calme, et il poursuivait, disant : « On raconte encore ceci ou cela, mais je ne le crois pas. »

Enfin il se tut, et madame Thérèse, durant quelques instants, continua de réfléchir. Puis, comme l'oncle disait : « Tout cela, ce ne sont que des bruits... On ne sait rien de positif... Vous auriez tort de vous désoler, madame Thérèse, » elle se releva légèrement, pour s'appuyer contre le bois de lit, et nous dit d'une voix très-simple :

« Écoutez, il est clair que nous avons été repoussés. Mais ne croyez pas, monsieur le docteur, que cela me désole ; non, cette affaire, qui vous paraît considérable, est peu de chose pour moi. J'ai vu ce même Brunswick arriver jusqu'en Champagne, à la tête de cent mille hommes de vieilles troupes, lancer des proclamations qui n'avaient pas le sens commun, menacer toute la France, et ensuite reculer devant des paysans en sabots, la baïonnette dans les reins jusqu'en Prusse. Mon père,—un pauvre maître d'école, devenu chef de bataillon, —mes frères, —de pauvres ouvriers, devenus capitaines par leur courage, —et moi derrière, avec le petit Jean dans ma charrette, nous lui avons fait la conduite, après les défilés de l'Argonne et la bataille de Valmy. Ne croyez donc pas que de telles choses m'effrayent. Nous ne sommes pas cent mille hommes, ni deux cent mille : nous sommes six millions de paysans, qui voulons manger nous-mêmes le pain que nous avons gagné péniblement par notre travail. C'est juste, et Dieu est avec nous. »

En parlant, elle s'animait, elle étendait son grand bras maigre ; le mauser, l'oncle et Koffel se regardaient stupéfaits.

« Ce n'est pas une défaite, ni vingt, ni cent qui peuvent nous abattre, reprit-elle ; quand un de nous tombe, dix autres se lèvent. Ce n'est pas pour le roi de Prusse, ni pour l'empereur d'Allemagne que nous marchons, c'est pour l'abolition des priviléges de toute sorte, pour la liberté, pour la justice, pour les droits de l'homme !—Pour nous vaincre, il faudra nous exterminer jusqu'au dernier, fit-elle avec un sourire étrange, et ce n'est pas aussi facile qu'on le croit. Seulement il est bien malheureux que tant de milliers de braves gens de votre côté se fassent massacrer pour des rois et des nobles qui sont leurs plus grands ennemis, quand le simple bon sens devrait leur dire de se mettre avec nous, pour chasser tous ces oppresseurs du pauvre peuple ; oui, c'est bien malheureux, et voilà ce qui me fait plus de peine que tout le reste. »

Ayant parlé de la sorte, elle se recoucha, et l'oncl. Jacob, étonné de la justesse de ses paroles, resta quelques instants silencieux.

Le mauser et Koffel se regardaient sans rien dire, mais on voyait bien que les réflexions de la Française les avaient frappés et qu'ils pensaient : « Cette femme a raison ! »

Au bout d'une minute seulement, l'oncle dit :

« Du calme, madame Thérèse, du calme, tout ira mieux ; sur bien des choses nous pensons de même, et si cela ne dépendait que de moi, nous ferions bientôt la paix ensemble.

—Oui, monsieur le docteur, répondit-elle, je le sais, car vous êtes un homme juste, et nous ne voulons que la justice.

—Tâchez d'oublier tout cela, dit encore l'oncle Jacob ; il ne vous faut plus maintenant que du repos pour être en bonne santé.

—Je tâcherai, monsieur le docteur. »

Alors nous sortîmes de l'alcôve, et l'oncle, nous regardant tout rêveur, dit :

« Voilà bientôt dix heures, allons nous coucher, il est temps. »

Il reconduisit Koffel et le mauser dehors, et poussa le verrou comme à l'ordinaire. Moi, je grimpais déjà l'escalier.

Cette nuit-là, j'entendis l'oncle se promener longtemps dans sa chambre ; il allait et venait d'un pas lent et grave, comme un homme qui réfléchit. Enfin, tout bruit cessa, et je m'endormis à la grâce de Dieu.

X

Le lendemain, lorsque je m'éveillai, la neige encombrait mes petites fenêtres ; il en tombait encore tellement qu'on ne voyait pas la maison en face. Dehors tintaient les clochettes du traîneau de l'oncle Jacob, son cheval Rappel hennissait ; mais aucun autre bruit ne s'entendait, tous les gens du village ayant eu soin de fermer leurs portes.

Je pensai qu'il fallait quelque chose d'extraordinaire pour décider l'oncle à se mettre en route par un temps pareil, et, m'étant habillé, je descendis bien vite savoir ce que cela pouvait être.

L'allée était ouverte ; l'oncle, enfoncé dans la neige jusqu'aux genoux, son gros bonnet de loutre tiré sur la nuque, et le col de sa houppelande relevé, arrangeait à la hâte une botte de paille dans le traîneau.

« Tu pars, oncle ? lui criai-je en m'avançant sur le seuil.

—Oui, Fritzel, oui, je pars, dit-il d'un ton joyeux ; est ce que tu veux m'accompagner ? »

J'aimais bien d'aller en traîneau, mais voyant ces gros flocons tourbillonner jusqu'à la cime des airs, et, songeant qu'il ferait froid, je répondis :

« Un autre jour, oncle ; aujourd'hui, j'aime mieux rester. »

Alors il rit tout haut, et, rentrant, il me pinça l'oreille, ce qu'il faisait toujours lorsqu'il était de bonne humeur.

Nous entrâmes ensemble dans la cuisine, où le feu dansait sur l'âtre et répandait une bonne chaleur. Lisbeth lavait les écuelles devant la petite fenêtre à vitres rondes qui donnait sur la cour. Tout était calme dans la cuisine ; les grosses soupières semblaient briller plus que de coutume, et sur leur ventre rebondi dansaient cinquante petites flammes, semblables à celles du foyer.

« Maintenant, tout est prêt, dit l'oncle en ouvrant le garde-manger et fourrant dans sa poche une croûte de pain.

Il mit sous sa houppelande la gourde de kirschenwaser, qu'il emportait toujours en voyage ; puis, au moment d'entrer dans la salle, la main sur le loquet, il dit à la vieille servante de ne pas oublier ses recommandations : d'entretenir un bon feu partout, de laisser la porte ouverte, pour entendre madame Thérèse, et de lui donner tout ce qu'elle demanderait, à l'exception du manger ; car elle ne devait prendre qu'un bouillon le matin et un autre le soir, avec quelques légumes, et de ne la contrarier en rien.

Enfin il entra, et je le suivis, songeant au plaisir que j'aurais, lorsqu'il serait parti, de courir dans tout le village avec mon ami Scipio, et de me faire honneur de ses talents.

« Eh bien, madame Thérèse, dit l'oncle d'un ton joyeux, me voilà sur mon départ. Quel bon temps pour aller en traîneau ! »

Madame Thérèse, appuyée sur son coude, au fond de l'alcôve, les rideaux écartés, regardait les fenêtres d'un air tout mélancolique.

« Vous allez voir un malade, monsieur le docteur ? dit-elle.

—Oui, un pauvre bûcheron de Dannbach, à trois lieues d'ici, qui s'est laissé prendre sous sa schlitte ; c'est une blessure grave et qui ne souffre aucun retard.

—Quel rude métier vous faites ! dit madame Thérèse d'une voix attendrie ; sortir par un temps pareil, pour secourir un malheureux, qui ne pourra peut-être jamais reconnaître vos services !

—Eh ! sans doute, répondit l'oncle en bourrant sa grande pipe de porcelaine, cela m'est arrivé déjà bien souvent; mais que voulez-vous? parce qu'un homme est pauvre, ce n'est pas une raison pour le laisser mourir; nous sommes tous frères, madame Thérèse, et les malheureux ont le droit de vivre comme les riches.

—Oui, vous avez raison, et pourtant combien d'autres, à votre place, resteraient tranquillement près de leur feu, au lieu de risquer leur vie, pour le seul plaisir de faire le bien! »

Et levant les yeux avec expression :

« Monsieur le docteur, dit-elle, vous êtes un républicain.

—Moi, madame Thérèse! que me dites-vous là? s'écria l'oncle en riant.

—Oui, un vrai républicain, reprit-elle; un homme que rien n'arrête, qui méprise toutes les souffrances, toutes les misères pour accomplir son devoir.

—Ah! si vous l'entendez ainsi, je serais heureux de mériter ce nom, répondit l'oncle. Mais, dans tous les partis et dans tous les pays du monde, il se trouve des hommes pareils.

—Alors, monsieur Jacob, ils sont républicains sans le savoir. »

L'oncle ne put s'empêcher de sourire :

« Vous avez réponse à tout, dit-il en fourrant son paquet de tabac dans la grande poche de sa houppelande, on ne peut pas discuter avec vous! »

Quelques instants de silence suivirent ces paroles. L'oncle battait le briquet. Moi j'avais pris la tête de Scipio entre mes bras, et je pensais : « Je te tiens, tu vas me suivre.... Nous reviendrons dîner, et après ça nous recommencerons. » Le cheval continuait à hennir dehors, et madame Thérèse s'était mise à regarder les gros flocons qui tourbillonnaient contre les vitres, lorsque l'oncle, ayant allumé sa pipe, dit :

« Je vais rester absent jusqu'au soir; mais Fritzel vous tiendra compagnie, le temps ne vous durera pas trop. »

Il me passait la main dans les cheveux, et je devenais rouge comme une écrevisse, ce qui fit sourire madame Thérèse.

« Non, non, monsieur le docteur, dit-elle avec bonté, je ne m'ennuie jamais seule; il faut laisser courir Fritzel avec Scipio, cela leur fera du bien; et puis ils aiment bien mieux respirer le grand air que de rester enfermés dans la chambre, n'est-ce pas, Fritzel?

—Oh! oui, madame Thérèse, répondis-je en exhalant un gros soupir.

—Comment! tu n'as pas honte de dire cela de cette façon? s'écria l'oncle.

—Eh! pourquoi, monsieur le docteur? Fritzel est comme petit Jean, il dit tout ce qu'il

pense, et il a raison. Va, Fritzel, cours, amuse-toi; l'oncle te donne congé. »

Que je l'aimais alors et que son sourire me paraissait bon! L'oncle Jacob s'était mis à rire il reprit son fouet au coin de la porte, et revenant :

« Allons, madame Thérèse, s'écria-t-il, au revoir et bon courage!

—Au revoir, monsieur le docteur, fit-elle en lui tendant sa longue main d'un air d'attendrissement; allez, et que le ciel vous conduise. »

Ils restèrent ainsi quelques instants tout rêveurs; puis l'oncle dit :

« Ce soir, entre six et sept heures, je serai de retour, madame Thérèse; ayez bonne confiance, soyez sans inquiétude, tout ira mieux. »

Après quoi nous sortîmes; il enjamba l'échelle du traîneau, s'enveloppa les genoux de sa houppelande, et toucha Rappel du bout de son fouet, en me disant :

« Conduis-toi bien, Fritzel. »

Le traîneau fila sans bruit, remontant la rue. Quelques bonnes gens regardaient à leurs fenêtres et se disaient :

« Monsieur le docteur Jacob est appelé bien sûr quelque part pour un malade en danger, sans cela il ne se mettrait pas en route par ce temps de neige. »

Quand l'oncle eut disparu au coin de la rue, je tirai la porte de l'allée et je rentrai manger ma soupe sur le bord de l'âtre. Scipio me regardait, ses grosses moustaches en l'air, et se léchait de temps en temps le tour du museau en clignant de l'œil. Je lui laissais le fond de mon assiette à nettoyer, selon mon habitude; ce qu'il faisait gravement, sans montrer l'avidité des autres chiens du village.

Nous en étions là et j'allais sortir, lorsque Lisbeth, qui venait de finir son ouvrage et qui s'essuyait les bras à la serviette, derrière la porte, me demanda :

« Dis donc, Fritzel, est-ce que tu restes ici?

—Non, je vais voir le petit Hans Aden.

—Eh bien, écoute : puisque tu mets tes sabots, va donc chez le mauser me chercher du miel pour la Française; monsieur le docteur veut qu'on lui fasse une boisson avec du miel. Prends ton écuelle et va là-bas. Tu diras au mauser que c'est pour l'oncle Jacob. Voici l'argent. »

Rien ne me plaisait tant que d'avoir à faire des commissions, surtout chez le mauser, qui me traitait comme un homme raisonnable. Je pris donc l'écuelle et je sortis avec Scipio pour me rendre chez le taupier, dans la ruelle des Orties, derrière l'église.

Quelques commères commençaient à balayer le devant de leur porte.

À l'auberge du *Cruchon-d'Or*, on entendait tinter les verres et les bouteilles; on chantait, on riait, les gens montaient et descendaient l'escalier. Un vendredi, cela me parut extraordinaire; je m'arrêtai pour voir si c'était une noce ou un baptême, et comme je me tenais de l'autre côté de la rue, sur la pointe des pieds, regardant dans la petite allée ouverte, je vis, au fond de la cuisine, la silhouette étrange du mauser se pencher devant la flamme, son bout de pipe noire au coin des lèvres, et sa main brune qui posait une braise sur le tabac.

Plus loin, à droite, j'aperçus aussi la vieille Grédel avec sa cornette à rubans tremblotants; elle arrangeait des assiettes sur un dressoir, et son chat gris se promenait au bord en faisant le gros dos et la queue en l'air.

Un instant après, le mauser revint lentement dans l'allée sombre, lançant de grosses bouffées. Alors je lui criai:

« Mauser! mauser! »

Il s'avança jusqu'au bord de l'escalier, et me dit en riant:

« C'est toi, Fritzel?

—Oui, je vais chez vous chercher du miel.

—Hé! monte donc boire un coup; nous irons ensemble tout à l'heure. »

Et se tournant vers la cuisine:

« Grédel, cria-t-il, apportez un verre pour Fritzel. »

Je m'étais dépêché de monter, et nous entrâmes, Scipio sur nos talons.

Dans la salle, à travers la fumée grisâtre, on ne voyait, le long des tables, que des gens en blouse, en veste, en camisole, le bonnet ou le feutre sur l'oreille; les uns assis à la file, les autres à cheval au bout des bancs, levant leurs verres pleins d'un air joyeux, et célébrant la grande victoire de Kaiserslautern. De tous les côtés on entendait chanter le *Faterland*. Quelques vieilles buvaient avec leurs fils et semblaient aussi joyeuses que les autres.

Je suivais le mauser, qui s'avançait, le dos rond, vers les fenêtres de la rue. Là se trouvaient, dans le coin à droite, l'ami Koffel et le vieux Adam Schmitt, devant une bouteille de vin blanc. Dans l'autre coin, en face, l'aubergiste Joseph Spick, son bonnet de laine frisée sur l'oreille, comme un batailleur, et M. Richter, en veste de chasse et grandes guêtres de cuir, buvaient du *gleiszeller* au cachet vert. Ils étaient pourpres tous les deux jusqu'aux oreilles, et criaient:

« À la santé de Brunswick! à la santé de notre glorieuse armée!

—Hé! fit le mauser en s'approchant de notre table, place pour un homme. »

Et Koffel, se retournant, me serra la main, tandis que le père Schmitt disait:

« À la bonne heure, à la bonne heure, voici du renfort. »

Il me fit asseoir près de lui, contre le mur, et Scipio vint aussitôt lui lever la main du bout de son nez, d'un air de vieille connaissance.

« Hé! hé! hé! disait le vieux soldat, c'est toi, l'ancien; tu me reconnais! »

Grédel apporta un verre, et le mauser l'emplit.

Au même instant, M. Richter se mit à crier à l'autre bout de la table, d'un ton moqueur:

« Hé! Fritzel, comment va M. le docteur Jacob? Il ne vient donc pas célébrer la grande bataille! C'est étonnant, étonnant, un si bon patriote! »

Et moi, ne sachant que répondre, je dis tout bas à Koffel:

« L'oncle est parti sur son traîneau pour soigner un pauvre bûcheron qui s'est laissé prendre sous sa *schlitte*. »

Alors Koffel, se retournant, s'écria d'une voix claire:

« Pendant que le petit-fils d'un ancien domestique de Salm-Salm s'allonge les jambes sous la table près du poêle, et qu'il boit du *gleiszeller* en l'honneur des Prussiens, qui se moquent de lui, M. le docteur Jacob traverse les neiges pour aller voir un pauvre bûcheron de la montagne écrasé sous sa *schlitte*. Ça rapporte moins que de prêter à gros intérêts, mais ça prouve plus de cœur tout de même. »

Koffel avait un petit coup de trop, et tous les gens l'écoutaient en souriant. Richter, la figure longue et les lèvres serrées, ne répondit pas d'abord, mais au bout d'un instant il dit:

« Eh! que ne fait-on pas par amour des Droits de l'homme, de la déesse Raison et du Maximum, surtout quand une vraie citoyenne vous encourage!

—Monsieur Richter, taisez-vous! s'écria le mauser d'une voix forte. M. le docteur est aussi bon Allemand que vous, et cette femme, dont vous parlez sans la connaître, est une brave femme. Le docteur Jacob n'a fait que son devoir en lui sauvant la vie; vous devriez rougir d'exciter les gens du village contre un pauvre être malade qui ne peut se défendre : c'est abominable!

—Je me tairai si cela me convient, s'écria Richter à son tour. Vous criez bien haut.... Ne dirait-on pas que les Français ont remporté la victoire! »

Alors le mauser, les tempes et les joues couleur de brique, frappa du poing sur la table, à faire tomber les verres; il parut vouloir se lever, mais il se rassit et dit:

« J'ai droit de me réjouir des victoires de la

vieille Allemagne autant, pour le moins, que vous, monsieur Richter, car moi je suis un vieux Allemand comme mon père, comme mon grand-père, et tous les mausers connus depuis deux cents ans au village d'Anstatt pour l'élevage des abeilles et la manière de prendre les taupes; au lieu que les cuisiniers des Salm-Salm, de père en fils, se promenaient en France avec leurs maîtres pour tourner la broche et lécher le fond des marmites. »

Toute la salle partit d'un éclat de rire à ce propos, et M. Richter, voyant que la plupart n'étaient pas pour lui, jugea prudent de se modérer; il répondit donc d'un ton calme :

« Je n'ai jamais rien dit contre vous ni contre le docteur Jacob; au contraire, je sais que M. le docteur est un homme habile et un honnête homme. Mais cela n'empêche pas qu'en un jour comme celui-ci tout bon Allemand doit se réjouir. Car, écoutez bien, ceci n'est pas une victoire ordinaire, c'est la fin de cette fameuse République une et indivisible.

—Comment! comment! s'écria le vieux Schmitt, la fin de la République? Voilà du nouveau!

—Oui, elle ne durera plus six mois, fit Richter avec assurance; car, de Kaiserslautern, les Français seront balayés jusqu'à Hornbach, de Hornbach à Sarrebruck, à Metz, et ainsi de suite jusqu'à Paris. Une fois en France, nous trouverons des amis en foule pour nous secourir : la noblesse, le clergé et les honnêtes gens sont tous pour nous; ils n'attendent que notre armée pour se lever. Et quant à ce tas de gueux ramassés à droite et à gauche, sans officiers et sans discipline, qu'est-ce qu'ils peuvent faire contre de vieux soldats, fermes comme des rochers, avançant en bon ordre de bataille, sous la conduite de la vieille race guerrière? Des tas de savetiers sans un seul général, sans même un vrai caporal *schlague!* Des paysans, des mendiants, de vrais sans-culottes, comme ils s'appellent eux-mêmes, je vous le demande, qu'est-ce qu'ils peuvent faire contre des Brunswick, des Wurmser, et des centaines d'autres vieux capitaines éprouvés par tous les périls de la guerre de Sept ans? Ils seront dispersés et périront par milliers, comme les sauterelles en automne. »

Toute la salle était alors de l'avis de Richter, et plusieurs disaient :

« A la bonne heure, voilà ce qui s'appelle rien; depuis longtemps nous pensions les mêmes choses. »

Le mauser et Koffel se taisaient; mais le vieux Adam Schmitt hochait la tête en souriant. Après un instant de silence, il déposa sa pipe sur la table et dit :

« Monsieur Richter, vous parlez comme l'almanach; vous prédisez l'avenir d'une façon admirable; mais tout cela n'est pas aussi clair pour les autres que pour vous. Je veux bien croire que la vieille race est née pour faire les généraux, puisque les nobles arrivent tous au monde capitaines; mais, de temps en temps, il peut aussi sortir des généraux de la race des paysans, et ceux-là ne sont pas les plus mauvais, car ils le sont devenus par leur propre valeur. Ces Républicains, qui vous paraissent si bêtes, ont quelquefois de bonnes idées tout de même; par exemple, d'établir chez eux que le premier venu pourra devenir feld-maréchal, pourvu qu'il en ait le courage et la capacité; de cette façon, tous les soldats se battent comme de véritables enragés; ils tiennent dans leurs rangs comme des clous et marchent en avant comme des boulets, parce qu'ils ont la chance de monter en grade s'ils se distinguent, de devenir capitaine, colonel ou général. Les Allemands se battent maintenant pour avoir des maîtres, et les Français se battent pour s'en débarrasser, ce qui fait encore une grande différence. Je les ai regardés de la fenêtre du père Diemer, au premier étage, en face de la fontaine, pendant les deux charges des Croates et des uhlans, des charges magnifiques; eh bien, cela m'a beaucoup étonné, monsieur Richter, de voir comme ces jacobins ont supporté ça! Et leur commandant m'a fait un véritable plaisir, avec sa grosse figure de paysan lorrain et ses petits yeux de sanglier. Il n'était pas aussi bien habillé qu'un major prussien, mais il se tenait aussi tranquille sur son cheval que si on lui avait joué un air de clarinette. Finalement, ils se sont tous retirés, c'est vrai, mais ils avaient une division sur le dos, et n'ont laissé que les fusils et les gibernes des morts sur la place. Avec des soldats pareils, croyez-moi, monsieur Richter, il y a de la ressource. Les vieilles races guerrières sont bonnes, mais les jeunes poussent au-dessous, comme les petits chênes sous les grands, et quand les vieux pourrissent, ceux-là les remplacent. Je ne crois donc pas que les Républicains se sauvent comme vous le dites; ce sont déjà de fameux soldats, et s'il leur vient un général ou deux, gare! Et prenez bien garde que ce n'est pas impossible du tout, car, entre douze ou quinze cent mille paysans, il y a plus de choix qu'entre dix ou douze mille nobles; la race n'est peut-être pas aussi fine, mais elle est plus solide. »

Le vieux Schmitt reprit alors haleine un instant, et comme tout le monde l'écoutait, il ajouta :

« Tenez, moi, par exemple, si j'avais eu le bonheur de naître dans un pays pareil, est-ce que vous croyez que je me serais contenté d'être

Karolus Richter et Joseph Spick. (Page 46.)

Adam Schmitt, sergent de grenadiers, avec cent florins de pension, six blessures et quinze campagnes? Non, non, ôtez-vous cette idée de la tête; je serais le commandant, le colonel ou le général Schmitt, avec une bonne retraite de deux mille thalers, ou bien mes os dormiraient depuis longtemps quelque part. Quand le courage mène à tout, on a du courage, et quand il ne sert qu'à devenir sergent et à faire avancer les nobles en grade, chacun garde sa peau.

—Et l'instruction! s'écria Richter, vous comptez donc l'instruction pour rien, vous? Est-ce qu'un homme qui ne sait pas lire vaut un duc de Brunswick qui sait tout? »

Alors Koffel, se retournant, dit d'un air calme :

—C'est juste, monsieur Richter, l'instruction fait la moitié de l'homme, et peut-être les trois quarts. Voilà pourquoi ces Républicains se battent jusqu'à la mort; ils veulent que leur fils reçoivent de l'instruction aussi bien que les nobles. C'est le manque d'instruction qui fait la mauvaise conduite et la misère, la misère fait les mauvaises tentations, et les mauvaises tentations amènent tous les vices. Le plus grand crime de ceux qui gouvernent dans ce bas monde, c'est de refuser l'instruction aux misérables, afin que leurs races nobles soient toujours au-dessus; c'est comme s'ils crevaient les yeux des hommes, lorsqu'ils viennent au monde, pour profiter de leur travail. Dieu vengera ces fautes, monsieur Richter, car il est juste. Et si les Républicains versent leur sang,

C'est alors qu'il fallut entendre les cris plaintifs de Max. (Page 50.)

comme ils le disent, pour que cela n'arrive plus sur la terre, tous les hommes religieux qui croient à la vie éternelle doivent les approuver. »

Ainsi parla Koffel, disant que si ses parents avaient pu le faire instruire, au lieu d'être un pauvre diable, il aurait peut-être fait honneur à Anstatt et serait devenu quelque chose d'utile. Chacun pensait comme lui, et plusieurs se disaient entre eux : « Que serions-nous si l'on nous avait instruits? Est-ce que nous étions plus bêtes que les autres? Non, le ciel donne à tous sa douce lumière et sa bonne rosée. Nous avions de bonnes intentions, nous voulions la justice; mais on nous a laissés dans les ténèbres, par esprit de calcul et pour nous maintenir dans la bassesse. Ces gens-là pensent s'a-

grandir en empêchant les autres de croître c'est abominable ! »

Et moi, songeant alors combien l'oncle Jacob se donnait de peine pour m'apprendre a lire dans M. de Buffon, je me repentais de ne pas profiter davantage de ses leçons, et j'étais tout attendri.

M. Richter, voyant tout le monde contre lui, et ne sachant que répondre aux paroles judicieuses de Koffel, haussa les épaules comme pour dire : « Ce sont des fous gonflés d'orgueil, des êtres qu'il faudrait mettre à la raison. »

Or le silence commençait à se rétablir et le mauser venait de faire apporter une seconde bouteille, lorsque des grondements sourds s'entendirent sous la table; aussitôt nous regardâmes et nous vîmes le grand chien roux de

M. Richter qui cournait autour de Scipio. Ce chien s'appelait Max; il avait le poil ras, le nez fendu, les côtes saillantes, les yeux jaunâtres, les oreilles longues et la queue relevée comme un sabre; il était grand, sec et nerveux. M. Richter avait l'habitude de chasser avec lui des journées entières sans rien lui donner à manger, sous prétexte que les bons chiens de chasse doivent avoir faim pour sentir le gibier et le suivre à la piste. Il voulait passer derrière Scipio, qui se retournait toujours la tête haute et la lèvre frémissante.

En regardant du côté de M. Richter, je vis qu'il excitait son chien en dessous; le père Schmitt s'en aperçut aussi, car il s'écria :

« Monsieur Richter, vous avez tort d'exciter votre chien. Ce caniche, voyez-vous, est un chien de soldat, rempli de finesse et qui connaît toutes les ruses de la guerre. Le vôtre est peut-être d'une vieille race; mais, prenez garde, celui-ci serait bien capable de l'étrangler.

—Etrangler mon chien! s'écria Richter; il en avalerait dix comme ce misérable roquet; d'un coup de dent il lui casserait l'échine! »

En entendant cela, je voulus me sauver avec Scipio, car M. Richter excitait toujours son grand Max, et tous les buveurs se retournaient en riant pour voir la bataille. J'avais envie de pleurer; mais le vieux Schmitt me retenait par l'épaule en me disant tout bas :

« Laissez faire, laissez faire.... ne craignez rien, Fritzel; je vous dis que notre chien connaît la politique.... l'autre n'est qu'une grosse bête qui n'a rien vu. »

Et se tournant vers Scipio, il lui répétait toujours :

« Attention! attention! »

Scipio ne bougeait pas; il se tenait le derrière dans le coin de la fenêtre, la tête droite, ses yeux luisants sous ses grands poils frisés, et dans le coin de sa moustache tremblotante, on voyait une dent blanche très-pointue.

Le grand roux s'avançait la tête penchée et le poil hérissé tout le long de son échine maigre. Ils grondaient tous deux, jusqu'au moment où Max fit un bond pour saisir Scipio à la gorge; aussitôt trois ou quatre éclats de voix brefs, terribles, partirent à la fois. Scipio s'était baissé pendant que l'autre l'attrapait à la tignasse, et d'un coup de dent sec il lui faisait claquer la patte. C'est alors qu'il fallut entendre les cris plaintifs de Max, et qu'il fallut le voir se glisser en boitant sous les tables; il filait comme un éclair entre les jambes, en répétant ses cris aigus qui vous perçaient les oreilles.

M. Richter s'était levé furieux pour tomber sur Scipio; mais, au même instant, le mauser avait pris son bâton au coin de la porte, et disait :

« Monsieur Richter, si votre grosse bête est mordue, à qui la faute? Vous l'avez assez excitée; maintenant elle est peut-être estropiée, ça vous apprendra! »

Et le vieux Schmitt, riant jusqu'aux larmes, faisait mettre Scipio entre ses genoux et criait :

« Je savais bien qu'il connaissait les finesses de la guerre; hé! hé! hé! nous avons remporté les drapeaux et les canons. »

Tous les assistants riaient avec lui; de sorte que M. Richter, indigné, chassa lui-même son chien dans la rue à grands coups de pied, pour ne plus entendre ses cris. Il aurait bien voulu en faire autant à Scipio, mais tout le monde était dans l'étonnement de son courage et de son bon sens naturel.

« Allons, s'écria le mauser en se levant, arrive maintenant, Fritzel, arrive! il est temps que je te donne ce que tu veux. Je vous salue, monsieur Richter; vous avez un fameux chien. Grédel, vous marquerez deux bouteilles sur l'ardoise. »

Schmitt et Koffel s'étaient aussi levés, et nous sortîmes tous ensemble, riant comme des bienheureux. Scipio nous suivait de près, sachant qu'il n'avait rien de bon à espérer quand nous serions sortis.

Au bas de l'escalier, Schmitt et Koffel tournèrent à droite pour descendre la grand'route; le mauser et moi nous traversâmes la place, à gauche, pour entrer dans la ruelle des Orties.

Le mauser marchait devant, le dos rond, une épaule un peu plus haute que l'autre, selon son habitude, lançant de grosses bouffées de tabac coup sur coup, et riant tout bas, sans doute à cause de la déconfiture de Richter.

Nous arrivâmes bientôt à sa petite porte enfoncée sous terre; alors il descendit les marches et me dit :

« Arrive, Fritzel, arrive; laisse le chien dehors, il n'y a pas trop de place dans le trou. »

Il avait bien raison d'appeler sa baraque un trou, car elle n'avait que deux petites fenêtres à fleur de terre donnant sur la ruelle. A l'intérieur, tout était sombre : le grand lit et l'escalier de bois au fond, les vieux escabeaux, la table couverte de scies, de pointes, de pincettes; l'armoire ornée de deux citrouilles, le plafond traversé de perches, où la vieille Berbel, la mère du mauser, suspendait le chanvre qu'elle filait; les attrapes de toutes sortes placées sur le vieux baldaquin, dans un enfoncement tout gris de poussière et de toiles d'araignée; les centaines de peaux de martres, de fouines, de belettes accrochées aux murs, les unes retournées, les autres encore fraîches et bourrées de paille pour les faire sécher, tout cela vous laissait à peine assez de place pour se retourner, et tout cela me rappelle le bon temps de la jeunesse, car je l'ai vu cent fois, été comme hiver, qu'il fît du soleil ou de la pluie, que les petites fenêtres fussent ouvertes ou fermées.

C'est là-dedans que je me représente toujours le mauser, assis devant la table très-basse, montant ses attrapes, la joue tirée, les lèvres serrées, et la vieille Berbel,—toute jaune, le bonnet de crin sur la nuque, ses petites mains sèches, aux ongles noirs, sillonnées de grosses veines bleuâtres,—filant du matin au soir à côté du poêle. De temps en temps, elle levait sa petite tête, froncée de rides innombrables, et regardait son fils d'un air de satisfaction.

Mais ce jour-là, Berbel n'était pas de bonne humeur, car à peine fûmes-nous entrés qu'elle se mit à quereller le mauser d'une voix aigre, disant qu'il passait sa vie au cabaret, qu'il ne songeait qu'à boire, sans se soucier du lendemain, toutes choses très-fausses auxquelles le mauser ne répondit pas, sachant qu'il faut tout entendre de sa mère sans se plaindre.

Il ouvrit tranquillement l'armoire, tandis que la vieille Berbel criait, et prit sur le plus haut rayon une large écuelle de terre vernissée, où le miel couleur d'or, dans des rayons blancs comme la neige, s'élevait par couches régulières. Il la déposa sur la table, et plaça deux beaux rayons dans une assiette très-propre, en me disant :

« Tiens, Fritzel, voilà du beau miel pour la dame française. Le miel en rayon est tout ce qu'on peut souhaiter de mieux pour des malades ; c'est d'abord plus appétissant, et puis c'est plus frais et plus sain. »

J'avais déjà posé l'argent au bord de la table, et Berbel étendait la main d'un air content pour le prendre ; mais le mauser me le rendit :

« Non, fit-il, non, je ne veux pas être payé de cela ; mets cet argent dans ta poche, Fritzel, et prends l'assiette. Laisse ton écuelle ici ; je vous la rapporterai ce soir ou demain matin. »

Et comme la vieille semblait fâchée, il ajouta :

« Tu diras à la dame française, Fritzel, que c'est le mauser qui lui fait présent de ce miel, avec plaisir, entends-tu... de bien bon cœur... car c'est une femme respectable... N'oublie pas de dire « respectable, » tu m'entends ?

—Oui, mauser, je dirai ça. Bonjour, Berbel, dis-je en ouvrant la porte. »

Elle me répondit en inclinant la tête brusquement ; cette vieille avare ne voulait rien dire, à cause de l'oncle Jacob ; mais de voir partir le miel sans argent, cela lui paraissait bien dur.

Le mauser me reconduisit jusque dehors, et je retournai chez nous, bien content de ce qui venait d'arriver.

XI

Au coin de l'église, je rencontrai le petit Hans Aden, qui revenait de glisser sur le guévoir ; il s'en retournait, les mains dans les poches jusqu'aux coudes, et me cria :

« Fritzel ! Fritzel ! »

S'étant approché, d'abord il regarda les deux beaux rayons de miel, et me dit :

« C'est pour vous, ça ?

—Non, c'est pour faire de la boisson à la dame française.

—Je voudrais bien être malade à sa place, » dit-il en se léchant, d'un air expressif, le bord de ses grosses lèvres retroussées.

Puis il demanda :

« Qu'est-ce que tu fais, cette après-midi ?

—Je ne sais pas ; j'irai me promener avec Scipio. »

Alors il regarda le chien, et, se grattant le bas du dos :

« Écoute, si tu veux, dit-il, nous irons poser des attrapes derrière le fumier de la poste ; il y a beaucoup de verdiers et de moineaux le long des haies, sous les hangars et dans les arbres du *Posthof*.

—Je veux bien, lui répondis-je.

—Oui, arrive ici, sur le perron ; nous partirons ensemble. »

Avant de nous séparer, Hans Aden me demanda s'il pouvait passer le doigt au fond de l'assiette ; je lui donnai cette permission, et il trouva le miel très-bon. Après quoi, chacun reprit son chemin, et je rentrai chez nous vers onze heures et demie.

« Ah ! te voilà ! s'écria Lisbeth en me voyant entrer dans la cuisine, je croyais que tu ne reviendrais plus ; Dieu du ciel, il t'en faut, à toi, du temps pour faire une commission ! »

Je lui racontai ma rencontre avec le mauser sur l'escalier du *Cruchon-d'Or*, la dispute de Koffel, du vieux Schmitt et du taupier contre M. Richter, la grande bataille de Max et de Scipio, et, finalement, la manière dont le mauser m'avait recommandé de dire qu'il ne voulait pas d'argent pour son miel, et qu'il l'offrait de bien bon cœur à la dame française, une personne « respectable. »

Comme la porte était ouverte, madame Thérèse entendit ces choses et me dit de venir. Alors je vis qu'elle était attendrie, et quand je lui présentai le miel, elle l'accepta.

« C'est bien, Fritzel, dit-elle les larmes aux yeux, c'est bien, mon enfant, je suis contente, bien contente de ce présent; l'estime des honnêtes gens nous fait toujours beaucoup de plaisir. Lorsque le mauser viendra, je veux le remercier moi-même. »

Puis elle se pencha et passa la main sur la tête de Scipio, qui se tenait devant le lit, le nez en l'air; elle souriait, et dit :

« Hé! Scipio, tu soutiens donc aussi la bonne cause? »

Lui, voyant la joie briller dans ses yeux, se mit à aboyer tout haut; il se plaça même sur son derrière, comme pour faire l'exercice.

« Oui, oui, je vais mieux maintenant, lui dit-elle, je me sens plus forte... Ah! nous avons beaucoup souffert! »

Puis, exhalant un soupir, elle se remit le coude dans l'oreiller en disant :

« Une bonne nouvelle... seulement une bonne nouvelle, et tout sera bien! »

Lisbeth venait de dresser la table, elle ne disait rien, madame Thérèse redevenait rêveuse.

La pendule sonna midi, et, quelques instants après, la vieille servante apporta la petite soupière pour nous deux; elle fit le signe de la croix et nous dînâmes.

A chaque instant je tournais la tête pour regarder si Hans Aden ne se promenait pas déjà sur le perron de l'église. Madame Thérèse, qui venait de se recoucher, nous tournait le dos, la couverture sur l'épaule; elle avait sans doute encore de grandes inquiétudes. Moi, je ne songeais qu'aux fumiers du *Posthâl*; je voyais déjà nos attrapes en briques posées autour dans la neige, la tuile levée, soutenue par deux petits bois en fourche, et les grains de blé au bord et dans le fond. Je voyais les verdiers tourbillonner dans les arbres, et les moineaux rangés à la file, sur le bord des toits, s'appelant, épiant, écoutant, tandis que nous, tout au fond du hangar, derrière les bottes de paille, nous attendions le cœur battant d'impatience. Puis un moineau voltigeait sur le fumier, la queue en éventail, puis un autre, puis toute la bande. Les voilà! les voilà près de nos attrapes!... Ils vont descendre... déjà un, deux, trois sautent autour et becquètent les grains de blé... *Frouu!* tous s'envolent à la fois; c'est un bruit à la ferme... c'est le garçon Yéri avec ses gros sabots, qui vient de crier dans l'écurie à l'un de ses chevaux : « Allons, te retourneras-tu, Foux? » Quel malheur? Si seulement tous les chevaux étaient crevés, et Yéri avec!... Enfin, il faut attendre encore... les moineaux sont partis bien loin. Tout à coup un d'eux se remet à crier. ils reviennent sur les toits... Ah! Seigneur Dieu! pourvu que Yéri ne crie

plus... pourvu que tout se taise... S'il n'y avait seulement pas de gens dans cette ferme ni sur la route! Quelles transes! Enfin, en voilà un qui redescend... Hans Aden me tire par le pan de ma veste... Nous ne respirons plus... nous sommes comme muets d'espérance et de crainte!

Tout cela, je le voyais d'avance, je ne me tenais plus en place.

« Mais, au nom du ciel, qu'as-tu donc? me disait Lisbeth; tu vas, tu cours comme une âme en peine... tiens-toi donc tranquille. »

Je n'entendais plus; le nez aplati contre la vitre, je pensais :

« Viendra-t-il ou ne viendra-t-il pas? Il est peut-être déjà là-bas... il en aura emmené un autre! »

Cette idée me paraissait terrible.

J'allais partir, quand enfin Hans Aden traversa la place; il regardait vers notre maison, épiant du coin de l'œil; mais il n'eut pas besoin d'épier longtemps : j'étais déjà dans l'allée et j'ouvrais la porte, sans prévenir Scipio cette fois. Puis je courus le long du mur, de crainte d'une commission ou de tout autre empêchement : il peut vous arriver tant de malheurs dans ce bas monde! Et ce n'est que loin de là, dans la ruelle des Orties, que Hans Aden et moi nous fîmes halte pour reprendre haleine.

« Tu as du blé, Hans Aden?

— Oui.

— Et ton couteau?

— Sois donc tranquille, le voilà. Mais écoute, Fritzel, je ne peux pas tout porter; il faut que tu prennes les briques et moi les tuiles.

— Oui; allons. »

Et nous repartîmes à travers champs, derrière le village, ayant de la neige jusqu'aux hanches. Le mauser, Koffel, l'oncle lui-même nous auraient appelés alors, que nous nous serions sauvés comme des voleurs, sans tourner la tête.

Nous arrivâmes bientôt à la vieille tuilerie abandonnée, car on cuit rarement en hiver, et nous prîmes notre charge de briques. Puis, remontant la prairie, nous traversâmes les haies du *Posthâl* toutes couvertes de givre, juste en face des grands fumiers carrés, derrière les écuries et le hangar. Déjà de loin, nous voyions les moineaux alignés au bord du toit.

« Je te le disais bien, faisait Hans Aden; écoute... écoute!... »

Deux minutes après nous posions nos attrapes entre les fumiers, en déblayant la neige au fond. Hans Aden tailla les petites fourches, plaça les tuiles avec délicatesse, puis il sema le blé tout autour. Les moineaux nous contemplaient du haut des toits, en tournant légèrement la tête sans rien dire. Hans Aden se releva , s'essuyant le nez du revers de la manche, et clignant de l'œil pour observer les moineaux

« Arrive, fit-il tout bas; ils vont tous descendre. »

Nous entrâmes sous le hangar, pleins de bonnes espérances, et dans le même instant toute la bande disparut. Nous pensions qu'ils reviendraient; mais jusque vers quatre heures nous restâmes blottis derrière les bottes de paille, sans entendre un cri de moineau. Ils avaient compris ce que nous faisions, et s'en étaient allés bien loin, à l'autre bout du village.

Qu'on juge de notre désespoir ! Hans Aden, malgré son bon caractère, éprouvait une indignation terrible, et moi-même je faisais les plus tristes réflexions, pensant qu'il n'y a rien de plus bête au monde que de vouloir prendre des moineaux en hiver, lorsqu'ils n'ont que la peau et les os, et qu'il en faudrait quatre pour faire une bouchée.

Enfin, las d'attendre et voyant le jour baisser, nous revînmes au village, en suivant la grande route, grelottant, les mains dans les poches, le nez humide et le bonnet tiré sur la nuque d'un air piteux

Lorsque j'arrivai chez nous, il faisait nuit. Lisbeth préparait le souper; mais comme j'éprouvais une sorte de honte à lui raconter la façon dont les moineaux s'étaient moqués de nous, au lieu de courir à la cuisine, selon mon habitude, j'ouvris tout doucement la porte de la salle obscure, et j'allai m'asseoir sans bruit derrière le fourneau.

Rien ne bougeait; Scipio dormait sous le fauteuil, la tête sur la hanche, et je me réchauffais depuis un quart d'heure, écoutant bourdonner la flamme, lorsque madame Thérèse, qui semblait dormir, me dit d'une voix douce :

« C'est toi, Fritzel ?

— Oui, madame Thérèse, lui répondis-je.

— Tu te réchauffes ?

— Oui, madame Thérèse.

— Tu as donc bien froid ?

— Oh ! oui.

— Qu'est-ce que vous avez donc fait cette après-midi ?

— Nous avons posé des attrapes aux moineaux, Hans Aden et moi.

— Ah ! Et vous en avez pris beaucoup ?

— Non, madame Thérèse, pas beaucoup.

— Combien ? »

Cela me saignait le cœur de dire à cette honnête personne que nous n'en avions pas pris du tout.

« Deux ou trois, n'est-ce pas, Fritzel? fit-elle.

— Non, madame Thérèse.

— Vous n'en avez donc pas pris ?

— Non. »

Alors elle se tut, et je me fis une grande idée de son chagrin.

« Ce sont des oiseaux bien malins, reprit-elle au bout d'un instant.

— Oh oui !...

— Tu n'as pas les pieds mouillés, Fritzel ?

— Non, j'avais mes sabots.

— Allons, allons, tant mieux. Il faut te consoler, une autre fois tu seras plus heureux. »

Comme nous causions ainsi, Lisbeth entra, laissant la porte de la cuisine ouverte.

« Hé ! te voilà, dit-elle, je voudrais bien savoir où tu passes tes journées? toujours dehors, toujours avec ton Hans Aden, ou ton Frantz Sépel.

— Il a pris des moineaux, dit madame Thérèse.

— Des moineaux ! si j'en voyais seulement une fois un, s'écria la vieille servante. Depuis trois ans, tous les hivers il court après les moineaux. Une fois, par hasard, il a pris en automne un vieux geai déplumé, qui n'avait plus la force de voler, et depuis ce temps il croit que tous les oiseaux du ciel sont à lui. »

Lisbeth riait. Elle se remit à son rouet, devant l'alcôve, et dit en trempant son doigt dans le mouilloir :

« Maintenant tout est prêt, quand M. le docteur viendra, je n'aurai plus qu'à mettre la nappe. Qu'est-ce que je racontais donc tout à l'heure?

— Vous parliez de vos conscrits, mademoiselle Lisbeth.

— Ah ! oui... depuis le commencement de cette maudite guerre, tous les garçons du village sont partis : le grand Ludwig, le fils du forgeron, le petit Christel, Hans Goerner et bien d'autres, ils sont partis, les uns à pied, les autres à cheval, en chantant : « Faterland ! Faterland ! » avec leurs camarades, qui les conduisaient au Kirschtâl, à l'auberge du père Fritz, sur la route de Kaiserslautern. Ils chantaient bien, mais ça ne les empêchait pas de pleurer comme des malheureux en regardant le clocher d'Anstatt. Le petit Christel, à chaque pas, embrassait Ludwig en disant : « Quand reverrons-nous Anstatt? » L'autre répondait : « Ah bah! il ne faut pas penser à ça, le seigneur Dieu, là-haut, nous sauvera de ces Républicains que le ciel confonde! » Ils sanglotaient ensemble, et le vieux sergent, venu tout exprès, répétait toujours : « En avant !... Courage !... Nous sommes des hommes ! » Il avait le nez rouge, à force de trinquer avec nos conscrits. Le grand Hans Goerner, qui devait se

marier avec Rosa Mutz, la fille du garde champêtre, criait : « Encore un coup... encore un
coup. C'est peut-être le dernier plat de choucroute que nous voyons devant nos yeux ! »

— Pauvre garçon ! fit madame Thérèse.

— Oui, reprit Lisbeth, et ça ne serait encore
rien, si les filles pouvaient se marier ; mais
quand les garçons partent, les filles restent
plantées là, à rêver du matin au soir, à se con-
sumer et à s'ennuyer. Elles ne peuvent pourtant pas prendre des vieux de soixante ans, des
veufs, ou bien des bossus, des boiteux ou des
borgnes. Ah ! madame Thérèse, ce n'est pas
pour vous faire des reproches, mais sans votre
Révolution, nous serions bien tranquilles, nous
ne penserions qu'à louer le Seigneur de ses
grâces. C'est terrible une République pareille
qui dérange tout le monde de ses habitudes ! »

Tout en écoutant cette histoire, je sentais
une bonne odeur de veau farci remplir la
chambre, et je finis par me lever avec Scipio,
pour aller jeter un coup d'œil à la cuisine :
nous avions une bonne soupe aux oignons, une
poitrine de veau farcie et des pommes de terre
frites. La chasse m'avait tellement ouvert l'appétit, qu'il me semblait que j'aurais tout avalé
d'une bouchée.

Scipio n'était pas dans de moins heureuses
dispositions; la patte au bord de l'âtre, il regardait du nez à travers les marmites, car le
nez du chien, comme le dit M. de Buffon, est
une seconde vue fort délicate.

Après avoir bien regardé, je me mis à faire
des vœux pour le retour de l'oncle.

« Ah ! Lisbeth ! m'écriai-je en rentrant, si tu
savais comme j'ai faim !

— Tant mieux, tant mieux, me répondit la
vieille en jacassant toujours, l'appétit est une
bonne chose. »

Puis elle poursuivit ses histoires de village,
que madame Thérèse semblait écouter avec
plaisir. Moi, j'allais, je venais de la salle à la
cuisine, et Scipio me suivait pas à pas; il avait
sans doute les mêmes idées que moi.

La nuit dehors devenait noire.

De temps en temps madame Thérèse inter-
rompait la vieille servante, levant le doigt et
disant :

« Écoutez ! »

Alors tout le monde restait tranquille une
seconde.

« Ce n'est rien, faisait Lisbeth; c'est la charrette de Hans Bockel qui passe; » ou bien :
« c'est la mère Dreyfus qui s'en va maintenant
à la veillée chez les Brêmer. »

Elle connaissait les habitudes de tous les
gens d'Anstatt, et se faisait un véritable bonheur d'en parler à la dame française, mainte-

nant qu'elle avait vu la sainte Vierge pendue à
son cou ; car sa nouvelle amitié venait de là,
comme je l'appris plus tard.

Sept heures sonnèrent, puis la demie. A la
fin, ne sachant plus que faire pour attendre, je
me dressai sur une chaise, et je pris dans un
rayon l'*Histoire naturelle* de M. de Buffon, chose
qui ne m'était jamais arrivée ; puis, les deux
coudes sur la table, dans une sorte de désespoir, je me mis à lire tout seul en français. Il
me fallait tout mon appétit pour me donner
une pareille idée ; mais à chaque instant je
levais la tête, regardant la fenêtre, les yeux
tout grands ouverts et prêtant l'oreille.

Je venais de trouver l'histoire du moineau,
qui possède deux fois plus de cervelle que
l'homme en proportion de son corps, quand
enfin un bruit lointain, un bruit de grelots se
fit entendre ; ce n'était encore qu'un bruissement presque imperceptible, perdu dans l'éloi-
gnement, mais il se rapprochait vite, et bientôt
madame Thérèse dit :

« C'est M. le docteur.

—Oui, fit Lisbeth en se levant et remettant son
rouet au coin de l'horloge, cette fois c'est lui. »

Elle courut à la cuisine.

J'étais déjà dans l'allée, abandonnant M. de
Buffon sur la table, et je tirais la porte exté-
rieure en criant :

« C'est toi, mon oncle?

— Oui, Fritzel, répondit la voix joyeuse de
l'oncle, j'arrive. Tout s'est bien passé à la maison?

— Très-bien, oncle, tout le monde se porte
bien.

— Bon, bon ! »

Au même instant, Lisbeth sortait avec la lanterne, et je vis l'oncle sous le hangar, en train
de dételer le cheval. Il était tout blanc au milieu des ténèbres, et chaque poil de sa houppelande et de son gros bonnet de loutre scin-
tillait à la lanterne comme une étoile. Il se
dépêchait; Rappel, tournant la tête vers l'écurie, semblait ne pouvoir attendre.

« Seigneur Dieu, qu'il fait froid dehors ! dit
la vieille servante en accourant l'aider; vous
devez être gelé, monsieur le docteur. Allez,
entrez vite vous réchauffer, je finirai bien toute
seule. »

Mais l'oncle Jacob n'avait pas l'habitude de
laisser le soin de son cheval à d'autres ; ce n'est
qu'en voyant Rappel devant son râtelier garni de
foin, et les pieds dans la bonne litière, qu'il dit :

« Entrons maintenant. » Et nous entrâmes
tous ensemble.

« Bonnes nouvelles, madame Thérèse, s'écria
l'oncle sur le seuil, bonnes nouvelles. J'arrive
de Kaiserslautern, tout va bien là-bas. »

Madame Thérèse, assise sur son lit, le regardait toute pâle.

Et tandis qu'il secouait son bonnet et se débarrassait de sa houppelande :

« Comment, monsieur le docteur, fît-elle, vous venez de Kaiserslautern ?

— Oui, j'ai poussé jusque-là... Je voulais en avoir le cœur net. J'ai tout vu... je me suis informé de tout, dit-il en souriant ; mais je ne vous cache pas, madame Thérèse, que je tombe de fatigue et de faim. »

Il tirait ses grosses bottes, assis dans le fauteuil, et regardait Lisbeth mettre la nappe d'un œil aussi luisant que celui de Scipio et le mien.

« Tout ce que je puis vous dire, s'écria-t-il en se relevant, c'est que la bataille de Kaiserslautern n'est pas aussi décisive qu'on le croyait, et que votre bataillon n'a pas donné ; le petit Jean n'a pas couru de nouveaux dangers.

— Ah ! cela suffit, dit madame Thérèse en se recouchant d'un air de bonheur et d'attendrissement inexprimables, cela suffit ! Vous ne m'en diriez pas plus, que je serais déjà trop heureuse. Réchauffez-vous, monsieur le docteur, mangez, ne vous pressez pas, je puis attendre maintenant. »

Lisbeth servait alors la soupe, et l'oncle, en s'asseyant, dit encore :

« Oui, c'est positif, vous pouvez être tranquille sur ces deux points. Tout à l'heure je vous dirai le reste. »

Puis nous nous mîmes à manger, et l'oncle, me regardant de temps en temps, souriait comme pour dire : « Je crois que tu veux me rattraper ; où diable as-tu pris un appétit pareil, toi ? »

Bientôt cependant notre grande faim se ralentit ; nous songeâmes au pauvre Scipio, qui nous regardait d'un œil stoïque, et ce fut son tour de manger. L'oncle but encore un bon coup, puis il alluma sa pipe, et se rapprochant de l'alcôve, il prit la main de madame Thérèse comme pour lui tâter le pouls, en disant :

« M'y voilà ! »

Elle ne disait rien et souriait.

Alors il avança le fauteuil, écarta les rideaux, plaça la chandelle sur la table de nuit, et s'étant assis, il commença l'histoire de la bataille. Je l'écoutais, le bras appuyé derrière lui sur le fauteuil. Lisbeth se tenait debout dans l'ombre de la salle.

« Les Républicains sont arrivés devant Kaiserslautern le 27 au soir, dit-il ; depuis trois jours les Prussiens y étaient ; ils avaient fortifié la position en plaçant des canons au haut des ravins qui montent sur le plateau. Le général Hoche les suivait depuis la ligne de l'Erbach ;

il avait même voulu les entourer à Bisingen, et résolut aussitôt de les culbuter le lendemain. Les Prussiens étaient 40,000 hommes, et les Français 30,000.

« Le lendemain donc, l'attaque commença sur la gauche ; les Républicains, conduits par le général Ambert, se mirent à grimper le ravin au pas de charge en criant : « Landau ou la mort ! » Dans ce moment même, Hoche devait attaquer le centre ; mais il était couvert de bois et de hauteurs, il lui fut impossible d'arriver à temps ; le général Ambert dut reculer sous le feu des Prussiens ; il avait toute l'armée de Brunswick contre lui. Le jour suivant 29 novembre, c'est Hoche qui attaqua par le centre ; le général Ambert devait tourner la droite, mais il s'égara dans les montagnes, de sorte que Hoche fut accablé à son tour. Malgré cela, l'attaque devait recommencer le lendemain 30 novembre. Ce jour-là, Brunswick fît un mouvement en avant, et les Républicains, de crainte d'être coupés, se mirent en retraite.

« Voilà ce que je sais de positif, et de la bouche même d'un commandant républicain, blessé d'un coup de feu à la hanche, le second jour de la bataille. Le docteur Feuerbach, un de mes vieux amis d'Université, m'a conduit près de cet homme ; sans cela je n'aurais rien appris au juste, car des Prussiens on ne peut tirer que des vanteries.

« Toute la ville parle de ces évènements, mais chacun à sa manière ; une grande agitation règne encore là-bas ; des convois de blessés partent sans cesse pour Mayence ; l'hôpital de la ville est encombré de malades, et les bourgeois sont forcés de recevoir des blessés chez eux, en attendant qu'il soit possible de les évacuer. »

On pense avec quelle attention madame Thérèse écoutait ce récit.

« Je vois... je vois... disait-elle tristement, la main appuyée contre la tempe, nous avons manqué d'ensemble.

— Justement, vous avez manqué d'ensemble, voilà ce que tout le monde dit à Kaiserslautern ; mais cela n'empêche pas que l'on reconnaisse le courage et même l'audace extraordinaire de vos Républicains. Quand ils criaient : « Landau ou la mort ! » au milieu du roulement de la fusillade et du grondement des canons, toute la ville les entendait, il y avait de quoi vous faire frémir. Maintenant ils sont en retraite, mais Brunswick n'a pas osé les poursuivre. »

Il y eut un instant de silence, et madame Thérèse demanda :

« Et comment savez-vous que notre bataillon n'a pas donné, monsieur le docteur ?

Dans le même instant toute la bande disparut. (Page 53.)

— Ah! c'est par le commandant républicain; il m'a dit que le premier bataillon de la
deuxième brigade avait éprouvé de grandes
pertes dans un village de la montagne quelques
jours auparavant, en poussant une reconnaissance du côté de Landau, et que, pour cette
raison, on l'avait mis à la réserve. C'est alors
que j'ai vu qu'il savait exactement les choses.

— Comment s'appelle ce commmandant?

— Pierre Ronsart; c'est un homme grand,
brun, les cheveux noirs.

— Ah! je le connais bien, je le connais, dit
madame Thérèse, il était capitaine dans notre
bataillon l'année dernière; comment! ce pauvre
Ronsart est prisonnier? Est-ce que sa blessure
est dangereuse?

— Non, Feuerbach m'a dit qu'il en reviendra;

mais il faudra quelque temps, » répondit l'oncle.

Puis, souriant d'un air fin, les yeux plissés:

« Oui, oui, fit-il, voilà ce que le commandant
m'a raconté. Mais il m'a dit bien d'autres choses
encore, des choses... des choses intéressantes...
extraordinaires... et dont je ne me serais jamais
douté...

— Et quoi donc, monsieur le docteur?

— Ah! cela m'a bien étonné, fit l'oncle en
serrant le tabac dans sa pipe du bout de son
doigt et tirant une grosse bouffée les yeux en
l'air, bien étonné!... et pourtant pas trop...
non, pas trop... car des idées pareilles m'étaient
venues quelquefois.

— Mais quoi donc, monsieur Jacob? fit madame Thérèse d'un air surpris.

— Ah! il m'a parlé d'une certaine citoyenne

Madame Thérèse était devenue toute rêveuse. (Page 60.)

Thérèse, d'une espèce de Cornélia, connue de toute l'armée de la Moselle, et que les soldats appellent tout bonnement la Citoyenne! Hé! hé! hé! il paraît que cette citoyenne-là ne manque pas d'un certain courage! »

Et se tournant vers Lisbeth et moi :

« Figurez-vous qu'un jour, comme le chef de leur bataillon venait d'être tué, en essayant d'entraîner ses hommes, et qu'il fallait traverser un pont défendu par une batterie et deux régiments prussiens, et que tous les plus vieux Républicains, les plus terribles d'entre ces hommes courageux reculaient, figurez-vous que cette citoyenne Thérèse prit le drapeau, et qu'elle marcha toute seule sur le pont, en disant à son petit frère Jean de battre la charge devant elle comme devant une armée ; ce qui

produisit un tel effet sur les Républicains, qu'ils s'élancèrent tous à sa suite, et s'emparèrent des canons ! —Comprenez-vous ça, vous autres ?
— C'est le commandant Ronsart qui m'a raconté la chose. »

Et comme nous regardions madame Thérèse, tout stupéfaits, moi surtout, les yeux tout grands ouverts, nous vîmes qu'elle devenait toute rouge.

« Ah ! fit l'oncle, on apprend tous les jours de nouvelles choses : ça, c'est grand, ça, c'est beau ! Oui... oui... quoique je sois partisan de la paix, ça m'a tout à fait touché...

— Mais, monsieur le docteur, répondit enfin madame Thérèse, comment pouvez-vous croire ?...

— Oh ! interrompit l'oncle en étendant la

main, ce n'est pas ce commandant tout seul qui m'a dit cela; deux autres capitaines blessés, qui se trouvaient là, en entendant dire que la citoyenne Thérèse vivait encore, se sont bien réjouis... son histoire du drapeau est connue du dernier soldat. Voyons... oui ou non, est-ce qu'elle a fait ça? » dit l'oncle en fronçant les sourcils et regardant madame Thérèse en face.

Alors elle, penchant la tête, se mit à pleurer en disant :

« Le chef du bataillon qui venait d'être tué était notre père... nous voulions mourir, le petit Jean et moi... nous étions désespérés. »

En songeant à cela, elle sanglotait. L'oncle, la regardant alors, devint très-grave et dit :

« Madame Thérèse, écoutez, je suis fier d'avoir sauvé la vie d'une femme telle que vous. Que ce soit parce que votre père était mort, ou pour toute autre raison que vous ayez agi de la sorte, c'était toujours grand, noble et courageux; c'était même extraordinaire, car des milliers d'autres femmes se seraient contentées de gémir; elles seraient tombées là sans force, et l'on n'aurait pu leur faire de reproches. Mais vous êtes une femme courageuse, et longtemps après avoir rempli de grands devoirs, vous pleurez lorsque d'autres commencent à oublier; vous n'êtes pas seulement la femme qui lève le drapeau d'entre les morts, vous êtes encore la femme qui pleure, et voilà pourquoi je vous estime. — Et je dis que le toit de cette maison, habitée autrefois par mon père et mon grand-père, est honoré de votre présence, oui, honoré ! »

Ainsi parla l'oncle, gravement, en appuyant sur les mots, et déposant sa pipe sur la table, parce qu'il était vraiment ému.

Et madame Thérèse finit par dire :

« Monsieur le docteur, ne parlez pas ainsi, ou je serai forcée de m'en aller. Je vous en prie, ne parlez plus de tout cela.

— Je vous ai dit ce que je pense, répondit l'oncle en se levant, et maintenant je n'en parlerai plus, puisque telle est votre volonté; mais cela ne m'empêchera pas d'honorer en vous une douce et noble créature, et d'être fier de vous avoir donné mes soins. Et le commandant m'a dit aussi quel était votre père et quels étaient vos frères : des gens simples, naïfs, partis tous ensemble pour défendre ce qu'ils croyaient être la justice. Quand tant de milliers d'hommes orgueilleux ne pensent qu'à leurs intérêts, et, je le dis à regret, quand ils se croient nobles en ne songeant qu'aux choses de la matière, on aime à voir que la vraie noblesse, celle qui vient du désintéressement et de l'héroïsme, se réfugie dans le peuple. Qu'ils soient Républicains ou non, qu'importe! je

pense, en âme et conscience, que les vrais nobles à la face de l'Éternel sont ceux qui remplissent leur devoir. »

L'oncle dans son exaltation, allait et venait dans la salle, se parlant à lui-même. Madame Thérèse, ayant essuyé ses larmes, le regardait en souriant et lui dit :

« Monsieur le docteur, vous nous avez apporté de bonnes nouvelles, merci, merci ! Maintenant je vais aller mieux.

— Oui, répondit l'oncle en s'arrêtant, vous irez de mieux en mieux. Mais voici l'heure du repos; la fatigue a été longue, et je crois que ce soir nous dormirons tous bien. Allons, Fritzel, allons, Lisbeth, en route! Bonsoir, madame Thérèse.

— Bonne nuit, monsieur le docteur. »

Il prit la chandelle, et le front penché, tout rêveur, il monta derrière nous.

XII

Le lendemain fut un jour de bonheur pour la maison de l'oncle Jacob.

Il était bien tard lorsque je m'éveillai de mon profond sommeil; j'avais dormi douze heures de suite comme une seconde, et la première chose que je vis, ce furent mes petites vitres rondes couvertes de ces fleurs d'argent, de ces toiles transparentes et de ces mille ornements de givre, tels que la main de nul ciseleur ne pourrait en dessiner. Ce n'est pourtant qu'une simple pensée de Dieu, qui nous rappelle le printemps au milieu de l'hiver; mais c'est aussi le signe d'un grand froid, d'un froid sec et vif qui succède à la neige; alors toutes les rivières sont prises et même les fontaines; les sentiers humides sont durcis et les petites flaques d'eau couvertes de cette glace blanche et friable qui craque sous les pieds comme des coquilles d'œufs.

En regardant cela, le nez à peine hors de ma couverture et le bonnet de coton tiré jusqu'au bas de la nuque, je revoyais tous les hivers passés et je me disais : « Fritzel, tu n'oseras jamais te lever, pas même pour aller déjeuner, non, tu n'oseras pas? »

Cependant une bonne odeur de soupe à la crème montait de la cuisine et m'inspirait un terrible courage.

J'étais là dans mes réflexions depuis une demi-heure, et j'avais arrêté d'avance que je sauterais du lit, que je prendrais mes habits sous le bras, et que je courrais dans la cuisine m'habiller près de l'âtre, lorsque j'entendis l'oncle Jacob se lever dans la chambre à côté de la mienne, ce qui me fit juger que les grandes fatigues de la veille l'avaient rendu tout aussi dormeur que moi. Quelques instants après, je le vis entrer dans ma chambre, riant et grelottant, en culotte et manches de chemise.

« Allons, allons, Fritzel, s'écria-t-il, hop ! hop ! du courage... Tu ne sens donc pas l'odeur de la soupe ? »

Il agissait ainsi tous les hivers, quand il faisait bien froid, et s'amusait de me voir dans une grande incertitude.

« Si l'on pouvait m'apporter la soupe ici, lui dis-je, je la sentirais encore bien mieux.

— Oh ! le poltron, le poltron ! dit l'oncle, il aurait le cœur de manger au lit, voilà de la paresse ! »

Alors, pour me montrer le bon exemple, il versa l'eau froide de ma cruche dans la grande écuelle, et se lava la figure des deux mains devant moi, en disant :

« C'est ça qui fait du bien, Fritzel, c'est ça qui vous ragaillardit et vous ouvre les idées. Allons, lève-toi... Arrive ! »

Moi, voyant qu'il voulait me laver, je sautai de mon lit, et d'un seul bond je pris mes habits et je descendis quatre à quatre. Les éclats de rire de l'oncle remplissaient toute la maison.

« Ah tu ferais un fameux Républicain, toi ! s'écriait-il ; le petit Jean aurait besoin de te battre joliment la charge pour te donner du courage. »

Mais une fois dans la cuisine, je me moquais bien de ses railleries ! Je m'habillai auprès d'un bon feu, je me lavai avec de l'eau tiède que me versa Lisbeth ; cela me parut bien meilleur que d'avoir tant de courage, et je commençais à contempler la soupière d'un œil attendri, lorsque l'oncle descendit à son tour ; il me pinça l'oreille et dit à Lisbeth :

« Eh bien ! eh bien ! comment va madame Thérèse ce matin ? La nuit s'est bien passée, j'espère ?

— Entrez, répondit la vieille servante d'un accent de bonne humeur, entrez, monsieur le docteur, quelqu'un veut vous parler. »

L'oncle entra, je le suivis, et d'abord nous fûmes très-étonnés de ne voir personne dans la salle, et les rideaux de l'alcôve tirés. Mais notre étonnement fut encore bien plus grand lorsque, nous étant retournés, nous vîmes madame Thérèse dans son habit de cantinière, — la petite veste à boutons de cuivre fermée jusqu'au menton, et la grosse écharpe rouge autour du cou, —assise derrière le fourneau ; elle était comme nous l'avions vue la première fois, seulement un peu plus pâle, et son chapeau sur la table, de sorte que ses beaux cheveux noirs, partagés

au milieu du front, lui retombaient sur les épaules, et qu'on aurait dit un jeune homme. Elle souriait à notre étonnement, et tenait la main posée sur la tête de Scipio assis auprès d'elle.

« Seigneur Dieu ! fit l'oncle. Comment, c'est vous, madame Thérèse !.... Vous êtes levée ! »

Puis il ajouta d'un air d'inquiétude :

« Quelle imprudence ! »

Mais elle, continuant de sourire, lui tendit la main d'un air de reconnaissance, en le regardant de ses grands yeux noirs avec expression, et lui répondit :

« Ne craignez rien, monsieur le docteur, je suis bien, très-bien ; vos bonnes nouvelles d'hier m'ont rendu la santé. Voyez vousmême ?... »

Il lui prit la main en silence et compta le pouls d'un air rêveur ; puis son front s'éclaircit, et d'un ton joyeux il s'écria :

« Plus de fièvre ! Ah ! maintenant, maintenant tout va bien ! Mais il faut encore de la prudence, encore de la prudence. »

Et se reculant, il se mit à rire comme un enfant, regardant sa malade qui lui souriait aussi :

« Telle je vous ai vue la première fois, dit-il lentement, telle je vous revois, madame Thérèse. Ah ! nous avons eu du bonheur, bien du bonheur !

— C'est vous qui m'avez sauvé la vie, monsieur Jacob, dit-elle, les yeux pleins de larmes. »

Mais hochant la tête et levant la main :

« Non, fit-il, non, c'est celui qui conserve tout et qui anime tout, c'est celui-là seul qui vous a sauvée ; car il ne veut pas que les grandes et belles natures périssent toutes, il veut qu'il en reste pour donner l'exemple aux autres. Allons, allons, qu'il en soit remercié ! »

Puis, changeant de voix et de figure, il s'écria :

« Réjouissons-nous !... réjouissons-nous !... Voilà ce que j'appelle un beau jour ! »

En même temps il courut à la cuisine, et comme il ne revenait pas tout de suite, madame Thérèse me fit signe d'approcher ; elle me prit la tête entre ses mains et m'embrassa, écartant mes cheveux.

« Tu es un bon enfant, Fritzel, me dit-elle ; tu ressembles à petit Jean. »

J'étais tout fier de ressembler à petit Jean.

Alors l'oncle rentra, clignant des yeux d'un air de satisfaction intérieure.

« Aujourd'hui, dit-il, je ne bouge pas de chez nous ; il faut aussi de temps en temps que l'homme se repose. Je vais seulement faire un petit tour au village, pour avoir la conscience nette, et puis je rentre passer toute la journée

en famille, comme au bon temps où la grand'-
mère Lehnel vivait encore. On a beau dire, ce
sont les femmes qui font l'intérieur d'une maison ! »

Tout en parlant de la sorte, il se coiffait de
son gros bonnet et se jetait la houppelande
sur l'épaule. Puis il sortit en nous souriant.

Madame Thérèse était devenue toute rêveuse;
elle se leva, poussa le fauteuil près d'une fenêtre, et se mit à regarder là place de la fontaine
d'un air grave. Moi, je sortis déjeuner dans la
cuisine avec Scipio.

Environ une demi-heure après, j'entendis
l'oncle qui rentrait en disant :

« Eh bien ! me voilà libre jusqu'au soir, madame Thérèse ; j'ai fait ma tournée, tout est en
ordre, et rien ne m'oblige plus de sortir. »

Depuis un instant, Scipio grattait à la porte,
je lui ouvris et nous entrâmes ensemble dans
la salle. L'oncle venait de suspendre sa houppelande au mur, et regardait madame Thérèse encore à la même place et toute mélancolique.

« A quoi pensez-vous donc, madame Thérèse ?
lui dit-il, vous avez l'air plus triste que tout à
l'heure.

— Je pense, monsieur le docteur, que, malgré
les plus grandes souffrances, on est heureux
de se sentir encore sur cette terre pour quelque
temps, dit-elle d'une voix émue.

— Pour quelque temps ? s'écria l'oncle, dites
donc pour bien des années ; car, Dieu merci,
vous êtes d'une bonne constitution, et d'ici à peu
de jours, vous serez aussi forte qu'autrefois.

— Oui, monsieur Jacob, oui, je le crois, fît-
elle ; mais quand un homme bon, un homme
de cœur vous a relevée d'entre les morts à la
dernière minute, c'est un bien grand bonheur
de se sentir renaître, de se dire : « Sans lui, je
ne serais plus là ! »

L'oncle alors comprit qu'elle contemplait le
théâtre du terrible combat soutenu par son bataillon contre la division autrichienne ; que
cette vieille fontaine, ces vieux murs décrépits,
ces pignons, ces lucarnes, enfin toute la place
étroite et sombre lui rappelait les incidents de
la lutte, et qu'elle savait aussi le sort qui l'attendait, si par bonheur il n'était survenu quand
Joseph Spick allait la jeter dans le tombereau.
Il resta comme étourdi de cette découverte, et
seulement au bout d'un instant il demanda :

« Qui donc vous a raconté ces choses, madame Thérèse?

— Hier, pendant que nous étions seules,
Lisbeth m'a dit ce que je vous dois de reconnaissance.

— Lisbeth vous a dit cela ! s'écria l'oncle
désolé ; j'avais pourtant bien défendu...

— Ah ! ne lui faites pas de reproches, monsieur le docteur, dit-elle, je l'ai bien aidée un
peu... Elle aime tant à causer ! »

Madame Thérèse souriait alors à l'oncle, qui,
s'apaisant aussitôt, dit :

« Allons, allons, j'aurais dû prévoir cela,
n'en parlons plus. Mais écoutez-moi bien,
madame Thérèse, il faut chasser ces idées de
votre esprit ; il faut au contraire tâcher de voir
les choses en beau, c'est nécessaire au rétablis-
sement de votre santé. Tout va bien maintenant, mais aidons encore la nature par des
pensées agréables, selon le précepte judicieux
du père de la médecine, le sage Hippocratès :
« Une âme vigoureuse, dit-il, sauve un corps
affaibli ! » La vigueur de l'âme vient des pensées
douces et non des idées sombres. Je voudrais
que cette fontaine fût à l'autre bout du village;
mais puisqu'elle est là, et que nous ne pouvons
l'ôter, allons nous asseoir au coin du fourneau
pour ne plus la voir, cela vaudra beaucoup
mieux.

— Je veux bien, » répondit madame Thérèse
en se levant.

Elle s'appuya sur le bras de l'oncle, qui semblait heureux de la soutenir. Moi, je roulai le
fauteuil dans son coin, et nous reprîmes tous
notre place autour du fourneau, dont le petillement nous réjouissait.

Quelquefois, au loin dehors, on entendait
un chien aboyer au village, et cette voix claire,
qui s'étend sur la campagne silencieuse au
temps des grands froids, éveillait Scipio, qui
se relevait, faisait quatre pas vers la porte en
grondant, les moustaches ébouriffées, puis revenait s'étendre près de ma chaise, se disant
sans doute qu'un bon feu vaut mieux que le
plaisir de faire du bruit.

Madame Thérèse, dans sa pâleur, ses grands
cheveux noirs tombant avec des reflets bleuâtres
autour de ses épaules, semblait heureuse et
calme. Nous causions là tranquillement, l'oncle
fumait sa grosse pipe de faïence avec une gra-
vité pleine de satisfaction.

« Mais, dites-moi donc, madame Thérèse,
je croyais avoir découpé votre veste, fit-il au
bout de quelques instants, et je la vois comme
neuve.

— Nous l'avons recousue hier, Lisbeth et
moi, monsieur Jacob, répondit-elle.

— Ah ! bon, bon... Alors vous savez cou-
dre?... Cette idée ne m'était pas encore venue...
Je vous voyais toujours à la tête d'un pont, ou
quelque part ailleurs, le long d'une rivière,
éclairée par les coups de fusil.

Madame Thérèse sourit.

« Je suis la fille d'un pauvre maître d'école,
dit-elle, et la première chose à faire en ce

monde, quand on est pauvre, c'est d'apprendre à gagner sa vie. Mon père le savait, tous ses enfants connaissaient un état. Il n'y a qu'un an que nous sommes partis, et non-seulement notre famille, mais tous tous les jeunes gens de la ville et des villages d'alentour, avec des fusils, des haches, des fourches et des faux, tout ce qu'on avait, pour aller à la rencontre des Prussiens. La proclamation de Brunswick avait soulevé tous les pays frontières; on apprenait l'exercice en route.

« Alors mon père, un homme instruit, fut nommé d'abord capitaine à l'élection populaire, et plus tard, après quelques rencontres, il devint chef de bataillon. Jusqu'à notre départ je l'avais aidé dans ses classes, je faisais l'école des jeunes filles; je les instruisais en tout ce que de bonnes ménagères doivent savoir.

« Ah! monsieur Jacob, si l'on m'avait dit dans ce temps-là qu'un jour je marcherais avec des soldats, que je conduirais mon cheval par la bride au milieu de la nuit, que je ferais passer ma charrette sur des tas de morts, et que souvent, durant des heures entières, au milieu des ténèbres, je ne verrais mon chemin qu'à la lueur des coups de feu, je n'aurais pu le croire, car je n'aimais que les simples devoirs de la famille; j'étais même très-timide, un regard me faisait rougir malgré moi. Mais que ne fait-on pas quand de grands devoirs nous tirent de l'obscurité, quand la patrie en danger appelle ses enfants! Alors le cœur s'élève, on n'est plus le même, on marche, la peur s'oublie, et longtemps après, on est étonné d'être si changé, d'avoir fait tant de choses que l'on aurait crues tout à fait impossibles!

— Oui, oui, faisait l'oncle en inclinant la tête, maintenant je vous connais... je vois les choses clairement... Ah! c'est ainsi qu'on s'est levé... c'est ainsi que les gens ont marché tous en masse... Voyez donc ce que peut faire une idée!

Nous continuâmes à causer de la sorte jusque vers midi; alors Lisbeth vint dresser la table et servir le dîner; nous la regardions aller et venir, étendre la nappe et placer les couverts, avec un vrai plaisir, et quand enfin elle apporta la soupière fumante :

« Allons, madame Thérèse, s'écria l'oncle tout joyeux, en se levant et l'aidant à marcher, mettons-nous à table. Vous êtes maintenant notre bonne grand'mère Lehnel, la gardienne du foyer domestique, comme disait mon vieux professeur Eberhardt, de Heidelberg. »

Elle souriait aussi, et quand nous fûmes assis les uns en face des autres, il nous sembla que tout rentrait dans l'ordre, que tout devait être ainsi depuis les anciens temps, et que jusqu'à ce jour il nous avait manqué quelqu'un

de la famille, dont la présence nous rendait plus heureux. Lisbeth elle-même en apportant le bouilli, les légumes et le rôti, s'arrêtait chaque fois à nous contempler d'un air de satisfaction profonde, et Scipio se tenait aussi souvent près de moi qu'auprès de sa maîtresse, ne faisant plus de différence entre nous.

L'oncle servait madame Thérèse, et comme elle était encore faible, il découpait lui-même les viandes sur son assiette, disant :

« Encore ce petit morceau! ce qu'il vous faut maintenant, ce sont des forces; mangez encore cela, mais ensuite nous en resterons là, car tout doit arriver avec ordre et mesure. »

Vers la fin du repas il sortit un instant, et comme je me demandais ce qu'il était allé faire, il reparut avec une vieille bouteille au gros cachet rouge toute couverte de poussière.

« Ça, madame Thérèse, dit-il en déposant la bouteille sur la table, c'est un de vos compatriotes qui vient vous souhaiter la bonne santé; nous ne pouvons lui refuser cette satisfaction, car il arrive de Bourgogne et on le dit d'humeur joyeuse.

— Est-ce ainsi que vous traitez tous vos malades, monsieur Jacob? demanda madame Thérèse d'une voix émue.

— Oui, tous, je leur ordonne tout ce qui peut leur faire plaisir.

— Eh bien, vous possédez la vraie science, celle qui vient du cœur et qui guérit. »

L'oncle allait verser; mais, s'arrêtant tout à coup, il regarda la malade d'un air grave et dit avec expression :

« Je vois que nous sommes de plus en plus d'accord, et que vous finirez par vous convertir aux doctrines de la paix. »

Ayant dit cela, il versa quelques gouttes dans mon verre, et remplit le sien et celui de madame Thérèse jusqu'au bord, en s'écriant :

« A votre santé, madame Thérèse!

— A la vôtre et à celle de Fritzel! » dit-elle.

Et nous bûmes ce vieux vin couleur pelure d'oignon, qui me parut très-bon.

Nous devenions tous gais, les joues de madame Thérèse prenaient une légère teinte rose, annonçant le retour de la santé; elle souriait et disait :

« Ce vin me ranime. »

Puis elle se mit à parler de se rendre utile à la maison.

« — Je me sens déjà forte, disait-elle, je puis travailler, je puis raccommoder votre vieux linge; vous devez en avoir, monsieur Jacob?

— Oh! sans doute, sans doute, répondit l'oncle en souriant; Lisbeth n'a plus ses yeux de vingt ans, elle passe des heures à faire une reprise, vous me serez très-utile, très-utile.

Mais nous n en sommes pas encore là, le repos vous est encore nécessaire.

—Mais, dit-elle alors en me regardant avec douceur, si je ne puis encore travailler, vous me permettrez au moins de vous remplacer quelquefois auprès de Fritzel; vous n'avez pas toujours le temps de lui donner vos bonnes leçons de français, et si vous voulez...

—Ah! pour cela, c'est différent, s'écria l'oncle, oui, voilà ce qui s'appelle une idée excellente, à la bonne heure. Écoute, Fritzel, à l'avenir tu prendras les leçons de madame Thérèse; tu tâcheras d'en profiter, car les bonnes occasions de s'instruire sont rares, bien rares. »

J'étais devenu tout rouge, en songeant que madame Thérèse avait beaucoup de temps de reste; elle, devinant ma pensée, me dit d'un air bon :

« Ne crains rien, Fritzel, va, je te laisserai au temps pour courir. Nous lirons ensemble monsieur Buffon, une heure le matin seulement et une heure le soir. Rassure-toi, mon enfant, je ne t'ennuierai pas trop. »

Elle m'avait attiré doucement et m'embrassait, lorsque la porte s'ouvrit et que le mauser et Koffel entrèrent gravement en habits des dimanches; ils venaient prendre le café avec nous. Il était facile de voir que l'oncle, en allant les inviter, leur avait parlé du courage et de la grande renommée de madame Thérèse dans les armées de la République, car ils n'étaient plus du tout les mêmes. Le mauser ne conservait plus son bonnet de martre sur la tête, il ouvrait les yeux et regardait tout attentif, et Koffel avait mis une chemise blanche, dont le collet lui remontait jusque par-dessus les oreilles; il se tenait tout droit, les mains dans les poches de sa veste, et sa femme avait dû lui mettre un bouton pour attacher la seconde bretelle de sa culotte, car, au lieu de pencher sur la hanche, elle était relevée également des deux côtés; en outre, au lieu de ses savates percées de trous, il avait mis ses souliers des jours de fêtes. Enfin tous deux avaient la mine de graves personnages arrivant pour quelque conférence extraordinaire, et tous deux saluèrent en se courbant d'un air digne et dirent :

« Salut bien à la compagnie, salut!

—Bon, vous voilà, dit l'oncle, venez vous asseoir. »

Puis se tournant vers la cuisine, il s'écria :

« Lisbeth, tu peux apporter le café. »

Au même instant, regardant par hasard du côté des fenêtres, il vit passer le vieux Adam Schmitt, et, se levant aussitôt, il alla frapper à la vitre, en disant :

« Voici un vieux soldat de Frédéric, ma-

dame Thérèse; vous serez heureuse de faire sa connaissance, c'est un brave homme. »

Le père Schmitt était venu voir pourquoi monsieur le docteur l'appelait, et l'oncle Jacob, ayant ouvert le châssis, lui dit :

« Père Adam, faites-nous donc le plaisir de venir prendre le café avec nous; j'ai toujours de ce vieux cognac, vous savez?

—Hé! volontiers, monsieur le docteur, répondit Schmitt, bien volontiers. »

Puis il parut sur le seuil, la main retournée contre l'oreille, disant :

« Pour vous rendre mes devoirs. »

Alors le mauser, Koffel et Schmitt, debout autour de la table d'un air embarrassé, se mirent à parler entre eux tout bas, regardant madame Thérèse du coin de l'œil comme s'ils avaient eu à se communiquer des choses graves; tandis que Lisbeth levait la nappe et déroulait la toile cirée sur la table, et que madame Thérèse continuait à me sourire et à me passer la main dans les cheveux, sans avoir l'air de s'apercevoir qu'on parlait d'elle.

Enfin Lisbeth apporta les tasses et les petites carafes de cognac et de kirchenwasser sur un plateau, et cette vue fit se retourner le vieux Schmitt, dont les yeux se plissèrent. Lisbeth apporta la cafetière, et l'oncle dit :

« Asseyons-nous. »

Alors tout le monde s'assit, et madame Thérèse, souriant à tous ces braves gens :

« Permettez que je vous serve, messieurs, » dit-elle.

Aussitôt le père Schmitt, levant la main à son oreille, répondit :

« A vous les honneurs militaires! »

Koffel et le mauser se lancèrent un regard d'admiration, et chacun pensa : « Ce père Schmitt vient de dire une chose pleine d'à-propos et de bon sens! »

Madame Thérèse emplit donc les tasses, et tandis qu'on buvait en silence, l'oncle, plaçant la main sur l'épaule du père Schmitt, dit :

« Madame Thérèse, je vous présente un vieux soldat du grand Frédéric, un homme qui, malgré ses campagnes et ses blessures, son courage et sa bonne conduite, n'est devenu que simple sergent, mais que tous les braves gens du village estiment autant qu'un hauptmann. »

Alors madame Thérèse regarda le père Schmitt, qui s'était redressé sur sa chaise plein d'un sentiment de dignité naturelle.

« Dans les armées de la République, Monsieur aurait pu devenir général, dit-elle. Si la France combat maintenant toute l'Europe, c'est qu'elle ne veut plus souffrir que les honneurs, la fortune et tous les biens de la terre reposent sur la tête de quelques-uns, malgré leurs vices, et toutes les misères, toutes les humiliations sur la tête des autres, malgré leur mérite et leurs vertus. La nation trouve cela contraire à la loi de Dieu, et c'est pour en obtenir le changement que nous mourrons tous s'il le faut. »

D'abord personne ne répondit; Schmitt regardait cette femme gravement, ses grands yeux gris bien ouverts, et son nez légèrement crochu, recourbé : il avait les lèvres serrées et semblait réfléchir; le mauser et Koffel, l'un en face de l'autre, s'observaient; madame Thérèse paraissait un peu animée et l'oncle restait calme. Moi, j'avais quitté la table, parce que l'oncle ne me laissait pas prendre de café, disant que c'était nuisible aux enfants; je me tenais derrière le fourneau, regardant et prêtant l'oreille.

Au bout d'un instant, l'oncle Jabob dit à Schmitt :

« Madame était cantinière au 2ᵉ bataillon de la 1ʳᵉ brigade de l'armée de la Moselle.

—Je le sais déjà, monsieur le docteur, répondit le vieux soldat, et je sais aussi ce qu'elle a fait. »

Puis, élevant la voix, il s'écria :

« Oui, Madame, si j'avais eu le bonheur de servir dans les armées de la République, je serais devenu capitaine, peut-être même commandant, ou je serais mort ! »

Et s'appuyant la main sur la poitrine :

« J'avais de l'amour-propre, dit-il; sans vouloir me flatter, je ne manquais pas de courage, et si j'avais pu monter, j'aurais eu honte de rester en bas. Le roi, dans plusieurs occasions, m'avait remarqué, chose bien rare pour un simple soldat, et qui me fait honneur. A Rosbach, pendant que le *hauptmann* derrière nous criait : « *Forvertz !* » c'est Adam Schmitt qui commandait la compagnie. Eh bien ! tout cela n'a servi à rien; et maintenant, quoique je reçoive une pension du roi de Prusse, je suis forcé de dire que les Républicains ont raison. Voilà mon opinion. »

Alors il vida brusquement son petit verre, et clignant de l'œil d'un air bizarre, il ajouta :

« Et ils se battent bien... j'ai vu ça... oui, ils se battent bien. Ils n'ont pas encore les mouvements réguliers des vieux soldats; mais ils soutiennent bien une charge, et c'est à cela qu'on reconnaît les hommes solides dans les rangs. »

Après ces paroles du père Schmitt, chacun se mit à célébrer les idées nouvelles; on aurait dit qu'il vida venait de donner le signal d'une confiance plus grande, et que chacun mettait au jour des pensées depuis longtemps tenues secrètes. Koffel, qui se plaignait toujours de n'avoir pas reçu d'instruction, dit que tous les enfants devraient aller à l'école aux frais du pays; que Dieu n'ayant pas donné plus de cœur et d'esprit aux nobles qu'aux autres hommes, chacun avait droit à la rosée et à la lumière du ciel; qu'ainsi l'ivraie n'étoufferait pas le bon grain, et qu'on ne prodiguerait pas inutilement aux chardons la culture qui pouvait faire prospérer des plantes plus utiles.

Madame Thérèse répondit que la Convention nationale avait voté cinquante-quatre millions de francs pour l'instruction publique, — avec le regret de ne pouvoir faire plus, — dans un moment où toute l'Europe se levait contre elle, et où il lui fallait tenir quatorze armées sur pied.

Les yeux de Koffel, en entendant cela, se remplirent de larmes, et je me rappellerai toujours qu'il dit d'une voix tremblante :

« Eh bien ! qu'elle soit bénie, qu'elle soit bénie ! Tant pis pour nous; mais, quand je devrais tout y perdre, c'est pour elle que sont mes vœux. »

Le mauser resta longtemps silencieux, mais une fois qu'il eut commencé, il n'en finit plus; ce n'est pas seulement l'instruction des enfants qu'il demandait, lui, c'était le bouleversement de tout de fond en comble. On n'aurait jamais cru qu'un homme si paisible pouvait couver des idées pareilles.

« Je dis qu'il est honteux de vendre des régiments comme des troupeaux de bœufs, s'écriait-il d'un ton grave, la main étendue sur la table; — je dis qu'il est encore plus honteux de vendre des places de juges, parce que les juges, pour rentrer dans leur argent, vendent la justice; — je dis que les Républicains ont bien fait d'abolir les couvents, où s'entretiennent la paresse et tous les vices, — et je dis que chacun doit être libre d'aller, de venir, de commercer, de travailler, d'avancer dans tous les grades, sans que personne s'y oppose. — Et finalement je crois que si les frelons ne veulent pas s'en aller ni travailler, le bon Dieu veut que les abeilles s'en débarrassent, ce qu'on a toujours vu, et ce qu'on verra toujours jusqu'à la fin des siècles. »

Le vieux Schmitt, alors plus à son aise, dit qu'il avait les mêmes idées que le mauser et Koffel; et l'oncle, qui jusqu'alors avait gardé son calme, ne put s'empêcher d'approuver ces sentiments, les plus vrais, les plus naturels et les plus justes.

« Seulement, dit-il, au lieu de tout vouloir faire en un jour, il vaudrait mieux aller lentement et progressivement; il faudrait employer des moyens de persuasion et de douceur, comme l'a fait le Christ; ce serait plus sage, et l'on obtiendrait les mêmes résultats.

Pour vous rendre mes devoirs, dit le vieux Schmitt. (Page 62.)

Madame Thérèse, souriant alors, lui dit :

« Ah! monsieur Jacob, sans doute, sans doute, si tout le monde vous ressemblait; mais depuis combien de centaines d'années le Christ a-t-il prêché la bonté, la justice et la douceur aux hommes? Et pourtant, voyez si vos nobles l'écoutent; voyez s'ils traitent les paysans comme des frères... non... non! C'est malheureux, mais il faut la guerre. Dans les trois ans qui viennent de se passer, la République a plus fait pour les droits de l'homme que les dix-huit cents ans avant. Croyez-moi, monsieur le docteur, la résignation des honnêtes gens est un grand mal, elle donne de l'audace aux gueux et ne produit rien de bon. »

Tous ceux qui se trouvaient là pensaient comme madame Thérèse, et l'oncle Jacob allait répondre, lorsque le messager Clémentz, avec son grand chapeau recouvert d'une toile cirée et sa gibecière de cuir roux, entr'ouvrit la porte et lui tendit le journal.

« Vous ne prenez pas le café, Clémentz, lui dit l'oncle.

—Non, monsieur Jacob, merci... je suis pressé, toutes les lettres sont en retard... Une autre fois. »

Il sortit, et nous le vîmes repasser devant nos fenêtres en courant.

L'oncle rompit la bande du journal et se mit à lire d'une voix grave les nouvelles de ces temps lointains. Quoique bien jeune alors, j'en ai gardé le souvenir; cela ressemblait aux prédictions du mauser et m'inspirait un intérêt véritable. Le vieux *Zeitblatt* traitait les Répu-

Il montait à cheval tout rêveur. (Page 67

blicains d'espèces de fous, ayant formé l'entreprise audacieuse de changer les lois éternelles de la nature. Il rappelait au commencement la manière terrible dont Jupiter avait accablé les Titans révoltés contre son trône, en les écrasant sous des montagnes, de sorte que, depuis, ces malheureux vomissent de la cendre et de la flamme dans les sépulcres du Vésuvius et de l'Etna. Puis il parlait de la fonte des cloches, dérobées au culte de nos pères et transformées en canons, l'une des plus grandes profanations qui se puissent concevoir, puisque ce qui devait donner la vie à l'âme était destiné maintenant à tuer le corps.

Il disait aussi que les assignats ne valaient rien et que bientôt, quand les nobles seraient rentrés en possession de leurs châteaux et les prêtres de leurs couvents, ces papiers sans hypothèque ne seraient plus bons que pour allumer le feu des cuisines. Il avertissait charitablement les gens de les refuser à n'importe quel prix.

Après cela venait la liste des exécutions capitales, et malheureusement elle était longue ; aussi le *Zeitblatt* s'écriait que ces Républicains feraient changer le proverbe « que les loups « ne se mangent pas entre eux. »

Enfin il se moquait de la nouvelle ère, prétendue républicaine, dont les mois s'appelaient vendémiaire, brumaire, frimaire, nivôse, pluviôse, etc. Il disait que ces fous avaient l'intention de changer le cours des astres et de pervertir les saisons, de mettre l'hiver en été et le printemps en automne, de sorte qu'on ne

saurait plus quand faire les semailles ni les
moissons ; que cela n'avait pas le sens commun,
et que tous les paysans de France en étaient
indignés.

Ainsi s'exprimait le *Zeitblatt*.

Koffel et le mauser, pendant cette lecture, se
jetaient de temps en temps un coup d'œil
rêveur, madame Thérèse et le père Schmitt
semblaient tout pensifs, personne ne disait
rien. L'oncle lisait toujours, en s'arrêtant une
seconde à chaque nouveau paragraphe, et la
vieille horloge poursuivait sa cadence éternelle.

Vers la fin, il était question de la guerre de
Vendée, de la prise de Lyon, de l'occupation
de Toulon par les Anglais et les Espagnols, de
l'invasion de l'Alsace par Wûrmser et de la
bataille de Kaiserslautern, où ces fameux Républicains s'étaient sauvés comme des lièvres. Le
Zeitblatt prédisait la fin de la République pour
le printemps suivant, et finissait par ces paroles
du prophète Jérémie, qu'il adressait au peuple
français : « Ta malice te châtiera et tes infidé-
« lités te reprendront ; tu seras remis sous ton
« joug et dans tes liens rompus, afin que tu
« saches que c'est une chose amère que d'aban-
« donner l'Éternel ton Dieu ! »

Alors l'oncle replia le journal et dit :

« Que penser de tout cela ? Chaque jour on
nous annonce que cette République va finir ;
il y a six mois elle était envahie de tous côtés,
les trois quarts de ses provinces étaient soule-
vées contre elle, la Vendée avait remporté de
grandes victoires et nous aussi ; eh bien ! maintenant elle nous a repoussés de presque partout,
elle tient tête à toute l'Europe, ce que ne pourrait faire une grande monarchie ; nous ne
sommes plus dans le cœur de ses provinces,
mais seulement sur ses frontières, elle s'avance
même chez nous, et l'on nous dit qu'elle va
périr ! Si ce n'était pas le savant docteur Zacharias qui écrive ces choses, je concevrais de
grands doutes sur leur sincérité.

—Hé ! monsieur Jacob, répondit madame
Thérèse, ce docteur-là voit peut-être les choses
comme il les désire ; cela se présente souvent
et n'ôte rien à la sincérité des gens ; ils ne veulent pas tromper, mais ils se trompent eux-
mêmes.

—Moi, dit le père Schmitt en se levant, tout
ce que je sais, c'est que les soldats républicains
se battent bien, et que si les Français en ont
trois ou quatre cent mille comme ceux que j'ai
vus, j'ai plus peur pour nous que pour eux.
Voilà mon idée. Quant à Jupiter, qui met les
gens sous le Vésuvius pour leur faire vomir du
feu, c'est un nouveau genre de batterie que je
ne connais pas, mais je voudrais bien le voir.

—Et moi, dit le mauser, je pense que ce
docteur Zacharias ne sait pas ce qu'il dit ; si
j'écrivais le journal à sa place, je le ferais autrement.

Il se baissa près du fourneau pour ramasser
une braise, car il éprouvait un grand besoin
de fumer. Le vieux Schmitt suivit son exemple,
et comme la nuit était venue, ils sortirent tous
ensemble, Koffel le dernier, en serrant la main
de l'oncle Jacob et saluant madame Thérèse.

XIII

Le lendemain, madame Thérèse s'occupait
déjà des soins du ménage ; elle visitait les
armoires, dépliait les nappes, les serviettes,
les chemises, et même le vieux linge tout jaune
entassé là depuis la grand'mère Lehnel ; elle
mettait à part ce qu'on pouvait encore réparer,
tandis que Lisbeth dressait le grand tonneau
plein de cendres dans la buanderie. Il fallut
faire bouillir de l'eau jusqu'à minuit pour la
grande lessive. Et les jours suivants ce fut bien
autre chose encore, lorsqu'il s'agit de blanchir,
de sécher, de repasser et de raccommoder tout
cela.

Madame Thérèse n'avait pas son égale pour
les travaux de l'aiguille ; cette femme, qu'on
n'avait crue propre qu'à verser des verres
d'eau-de-vie et à se trimbaler sur une charrette
derrière un tas de sans-culottes, en savait plus,
touchant les choses domestiques, que pas une
commère d'Anstatt. Elle apporta même chez
nous l'art de broder des guirlandes, et de marquer en lettres rouges le beau linge, chose
complétement ignorée jusqu'alors dans la montagne, et qui prouve combien les grandes révolutions répandent les lumières.

De plus, madame Thérèse aidait Lisbeth à la
cuisine, sans la gêner, sachant que les vieux
domestiques ne peuvent souffrir qu'on dérange
leurs affaires.

« Voyez pourtant, madame Thérèse, lui
disait quelquefois la vieille servante, comme
les idées changent ; dans les premiers temps, je
ne pouvais pas vous souffrir à cause de votre
République, et maintenant si vous partiez, je
croirais que toute la maison s'en va, et que
nous ne pouvons plus vivre sans vous.

—Hé ! lui répondait-elle en souriant, c'est
tout simple, chacun tient à ses habitudes ; vous
ne me connaissiez pas, je vous inspirais de la
défiance ; chacun, à votre place, eût été de
même. »

Puis elle ajoutait tristement :

« Il faudra pourtant que je parte, Lisbeth ; ma place n'est pas ici, d'autres soins m'appellent ailleurs. »

Elle songeait toujours à son bataillon, et lorsque Lisbeth s'écriait :

« Bah ! vous resterez chez nous ; vous ne pouvez plus nous quitter maintenant. Vous saurez qu'on vous considère beaucoup dans le village, et que les gens de bien vous respectent. Laissez là vos sans-culottes ; ce n'est pas la vie d'une honnête personne d'attraper des balles ou d'autres mauvais coups à la suite des soldats. Nous ne vous laisserons plus partir. »

Alors elle hochait la tête, et l'on voyait bien qu'un jour ou l'autre elle dirait : « Aujourd'hui, je pars ! » et que rien ne pourrait la retenir.

D'un autre côté, les discussions sur la guerre et sur la paix continuaient toujours, et c'était l'oncle Jacob qui les recommençait. Chaque matin il descendait pour convertir madame Thérèse, disant que la paix devait régner sur la terre, que dans les premiers temps la paix avait été fondée par Dieu lui-même, non-seulement entre les hommes, mais encore entre les animaux ; que toutes les religions recommandent la paix ; que toutes les souffrances viennent de la guerre : la peste, le meurtre, le pillage, l'incendie ; qu'il faut un chef à la tête des États pour maintenir l'ordre, et par conséquent des nobles qui soutiennent ce chef ; que ces choses avaient existé de tout temps, chez les Hébreux, chez les Egyptiens, les Assyriens, les Grecs et les Romains ; que la république de Rome avait compris cela, que les consuls et les dictateurs étaient des espèces de rois soutenus par de nobles sénateurs, soutenus eux-mêmes par de nobles chevaliers, lesquels s'élevaient au-dessus du peuple ; — que tel était l'ordre naturel et qu'on ne pouvait le changer qu'au détriment des plus pauvres eux-mêmes ; car, disait-il, les pauvres, dans le désordre, ne trouvent plus à gagner leur vie et périssent comme les feuilles en automne, lorsqu'elles se détachent des branches qui leur portaient la séve.

Il disait encore une foule de choses non moins fortes ; mais toujours madame Thérèse trouvait de bonnes réponses soutenant que les hommes sont égaux en droits par la volonté de Dieu ; que le rang doit appartenir au mérite et non à la naissance ; que les lois sages, égales pour tous, établissent seules des différences équitables entre les citoyens, en approuvant les actions des uns et condamnant celles des autres ; qu'il est honteux et misérable d'accorder des honneurs et de l'autorité à ceux qui n'en méritent pas ; que c'est avilir l'autorité et l'honneur lui-même en les faisant représenter par des êtres indignes, et que c'est détruire dans tous les cœurs le sentiment de la justice, en montrant que cette justice n'existe pas, puisque tout dépend du hasard de la naissance, que pour établir un tel état de choses, il faut abrutir les hommes, parce que des êtres intelligents ne le souffriraient pas ; qu'un tel abrutissement est contraire aux lois de l'Eternel ; qu'il faut combattre par tous les moyens ceux qui veulent le produire à leur profit, même par la guerre, le plus terrible de tous, il est vrai, mais dont le crime retombe sur la tête de ceux qui le provoquent en voulant fonder l'iniquité éternelle !

Chaque fois que l'oncle entendait ces réponses, il devenait grave. Avait-il une course à faire dans la montagne, il montait à cheval tout rêveur, et toute la journée il cherchait de nouvelles et plus fortes raisons pour convaincre madame Thérèse. Le soir il revenait plus joyeux, avec des preuves qu'il croyait invincibles, mais sa croyance ne durait pas longtemps ; car cette femme simple, au lieu de parler des Grecs et des Egyptiens, voyait tout de suite le fond des choses, et détruisait les preuves historiques de l'oncle par le bon sens.

Malgré tout cela, l'oncle Jacob ne se fâchait pas ; au contraire, il s'écriait d'un air d'admiration :

« Quelle femme vous êtes, madame Thérèse ! Sans avoir étudié la logique, vous répondez à tout ! Je voudrais bien voir la mine que ferait le rédacteur du *Zeitblatt* en discutant contre vous ; je suis sûr que vous l'embarrasseriez, malgré sa grande science et même sa bonne cause ; car la bonne cause est de notre côté, seulement je la défends mal. »

Alors ils riaient tous deux ensemble, et madame Thérèse disait :

« Vous défendez très-bien la paix, je suis de votre avis ; seulement tâchons de nous débarrasser d'abord de ceux qui veulent la guerre, et pour nous en débarrasser, faisons-la mieux qu'eux. Vous et moi nous serions bientôt d'accord, car nous sommes de bonne foi, et nous voulons la justice ; mais les autres, il faut bien les convertir à coups de canon, puisque c'est la seule voix qu'ils entendent, et la seule raison qu'ils comprennent. »

L'oncle ne disait plus rien alors, et, chose qui m'étonnait beaucoup, il avait même l'air content d'avoir été battu.

Après ces grandes discussions politiques, ce qui faisait le plus de plaisir à l'oncle Jacob, c'était de me trouver, au retour de ses courses, en train de prendre ma leçon de français, madame Thérèse assise, le bras autour de ma taille, et moi debout, penché sur le livre. Alors il entrait tout doucement pour ne pas nous déranger, et s'asseyait en silence derrière le fourneau, allongeant les jambes et prêtant l'oreille dans une sorte de ravissement; il attendait quelquefois une demi-heure avant de tirer ses bottes et de mettre sa camisole, tant il craignait de me distraire, et quand la leçon était finie, il s'écriait :

« A la bonne heure, Fritzel, à la bonne heure, tu prends goût à cette belle langue, que madame Thérèse t'explique si bien. Quel bonheur pour toi d'avoir un maître pareil ! Tu ne sauras cela que plus tard. »

Il m'embrassait tout attendri : ce que madame Thérèse faisait pour moi, il l'estimait plus que pour lui-même.

Je dois reconnaître aussi que cette excellente femme ne m'ennuyait pas une minute durant ses leçons; voyait-elle mon attention se lasser, aussitôt elle me racontait de petites histoires qui me réveillaient; elle avait surtout un certain catéchisme républicain, plein de traits nobles et touchants, d'actions héroïques et de belles sentences, dont le souvenir ne s'effacera jamais de ma mémoire.

Les choses se poursuivirent ainsi plusieurs jours. Le mauser et Koffel arrivaient tous les soirs, selon leur habitude; madame Thérèse était complétement rétablie, et cela semblait devoir durer jusqu'à la consommation des siècles, lorsqu'un événement extraordinaire vint troubler notre quiétude, et pousser l'oncle Jacob aux entreprises les plus audacieuses.

XIV

Un matin l'oncle Jacob lisait gravement le catéchisme républicain derrière le fourneau; madame Thérèse cousait près de la fenêtre, et moi j'attendais un bon moment pour m'échapper avec Scipio.

Dehors, notre voisin Spick fendait du bois; aucun autre bruit ne s'entendait au village.

La lecture de l'oncle semblait l'intéresser beaucoup, de temps en temps il levait sur nous un regard en disant :

« Ces Républicains ont de bonnes choses; ils voient les hommes en grand... leurs principes élèvent l'âme... C'est vraiment beau ! Je conçois que la jeunesse adopte leurs doctrines, car tous les êtres jeunes, sains de corps et d'esprit, aiment la vertu; les êtres décrépits avant l'âge par l'égoïsme et les mauvaises passions peuvent seuls admettre des principes contraires. Quel dommage que de pareilles gens recourent sans cesse à la violence !... »

Alors madame Thérèse souriait, et l'on se remettait à lire. Cela durait depuis environ une demi-heure, et Lisbeth, après avoir balayé le seuil de la maison, était sortie faire sa partie de commérage chez la vieille Roësel, comme à l'ordinaire, lorsque tout à coup un homme à cheval s'arrêta devant notre porte. Il avait un gros manteau de drap bleu, un bonnet de peau d'agneau, le nez camard et la barbe grise.

L'oncle venait de déposer son livre; nous regardions tous cet inconnu par les fenêtres.

« On vient vous chercher pour quelque malade, monsieur le docteur, » dit madame Thérèse.

L'oncle ne répondit pas.

L'homme, après avoir attaché son cheval au pilier du hangar, entrait dans l'allée.

« Monsieur le docteur Jacob? fit-il en ouvrant la porte.

— C'est moi, monsieur.

— Voici une lettre de la part de M. le docteur Feuerbach, de Kaiserslautern.

— Veuillez vous asseoir, monsieur, » dit l'oncle.

L'homme resta debout.

L'oncle, en relisant la lettre, devint tout pâle et durant une minute il parut comme troublé, regardant madame Thérèse d'un œil vague.

« Je dois rapporter la réponse s'il y en a, dit l'homme.

— Vous direz à Feuerbach que je le remercie, c'est toute la réponse. »

Puis, sans rien ajouter, il sortit la tête nue, avec le messager que nous vîmes s'éloigner dans la rue, conduisant son cheval par la bride, vers l'auberge du *Cruchon-d'Or*. Il allait sans doute se rafraîchir avant de se remettre en route. Nous vîmes aussi l'oncle passer devant les fenêtres et entrer sous le hangar. Madame Thérèse parut alors inquiète.

« Fritzel, dit-elle, va porter son bonnet à ton oncle. »

Je sortis aussitôt et je vis l'oncle qui se promenait de long en large devant la grange; il tenait toujours la lettre, sans avoir l'idée de la mettre en poche. Spick, du seuil de sa maison, le regardait d'un air étrange, les mains croisées sur sa hache; deux ou trois voisins regardaient aussi derrière leurs vitres.

Il faisait très-froid dehors, je rentrai. Madame Thérèse avait déposé son ouvrage et restait pensive, le coude au bord de la fenêtre; moi, je m'assis derrière le fourneau sans avoir envie de ressortir.

Toutes ces choses, je m'en suis toujours souvenu durant mon enfance; mais ce qui vint ensuite m'a longtemps produit l'effet d'un rêve car je ne pouvais le comprendre, et ce n'est qu'avec l'âge, en y pensant plus tard, que j'en ai saisi le sens véritable.

Je me rappelle bien que l'oncle rentra quelques instants après, en disant que les hommes étaient des gueux, des êtres qui ne cherchaient qu'à se nuire; qu'il s'assit à l'intérieur de la petite fenêtre, non loin de la porte, et qu'il se mit à lire la lettre de son ami Feuerbach; tandis que madame Thérèse l'écoutait debout à gauche, dans sa petite veste à double rangée de boutons, les cheveux tordus sur la nuque, droite et calme.

Tout cela je le vois, et je vois aussi Scipio, le nez en l'air et la queue en trompette au milieu de la salle. Seulement la lettre étant écrite en allemand de Saxe, tout ce que je pus y comprendre, c'est qu'on avait dénoncé l'oncle Jacob comme un jacobin, chez lequel se réunissaient les gueux du pays pour célébrer la Révolution; — que madame Thérèse était aussi dénoncée comme une femme dangereuse, regrettée des Républicains à cause de son audace extraordinaire, et qu'un officier prussien, accompagné d'une bonne escorte, devait venir la prendre le lendemain et la diriger sur Mayence avec les autres prisonniers.

Je me rappelle également que Feuerbach conseillait à l'oncle une grande prudence, parce que les Prussiens, depuis leur victoire de Kaiserslautern, étaient maîtres du pays, qu'ils emmenaient tous les gens dangereux, et qu'ils les envoyaient jusqu'en Pologne, à deux cents lieues de là, au fond des marais, pour donner le bon exemple aux autres.

Mais ce qui me parut inconcevable, c'est la façon dont l'oncle Jacob, cet homme si calme, ce grand amateur de la paix, s'indigna contre l'avis et les conseils de son vieux camarade. Ce jour-là notre petite salle, si paisible, fut le théâtre d'un terrible orage, et je doute que, depuis les premiers temps de sa fondation, elle en eût vu de semblables. L'oncle accusait Feuerbach d'être un égoïste, prêt à fléchir la tête sous l'arrogance des Prussiens, qui traitaient le Palatinat et le Hundsruck en pays conquis; il s'écriait qu'il existait des lois à Mayence, à Trèves, à Spire, aussi bien qu'en France; que madame Thérèse avait été laissée pour morte par les Autrichiens; qu'on n'avait pas le droit de réclamer les personnes et les choses abandonnées; qu'elle était libre; qu'il ne souffrirait pas qu'on mît la main sur elle; qu'il protesterait; qu'il avait pour ami le jurisconsulte Pfeffel de Heidelberg; qu'il écrirait, qu'il se défendrait qu'il remuerait le ciel et la terre; qu'on verrait si Jacob Wagner se laisserait mener de la sorte; qu'on serait étonné de ce qu'un homme

paisible était capable de faire pour la justice et le droit.

En disant ces choses, il allait et venait, il avait les cheveux ébouriffés; il mêlait toutes les anciennes ordonnances qui lui revenaient en mémoire, et les récitait en latin. Il parlait aussi de certaines sentences des droits de l'homme qu'il venait de lire, et de temps en temps il s'arrêtait, appuyant le pied à terre avec force, en pliant le genou, et s'écriant:

« Je suis sur les fondements du droit, sur les bases d'airain de nos anciennes chartes. Que les Prussiens arrivent... qu'ils arrivent! Cette femme est à moi, je l'ai recueillie et sauvée: « La chose abandonnée, *res derelicta est res publica, res vulgata.* »

Je ne sais pas où il avait appris tout cela; c'est peut-être à l'Université de Heidelberg, en entendant discuter ses camarades entre eux. Mais alors toutes ces vieilles rubriques lui passaient par la tête, et il avait l'air de répondre à dix personnes qui l'attaquaient.

Madame Thérèse, pendant ce temps, était calme, sa longue figure maigre semblait rêveuse; les citations de l'oncle l'étonnaient sans doute, mais voyant les choses clairement, comme d'habitude, elle comprenait sa position véritable. Ce n'est qu'au bout d'une grande demi-heure, lorsque l'oncle ouvrit son secrétaire, et qu'il s'assit pour écrire au jurisconsulte Pfeffel, qu'elle lui posa doucement la main sur l'épaule, et lui dit avec attendrissement:

« N'écrivez pas, monsieur Jacob, c'est inutile; avant que votre lettre n'arrive, je serai déjà loin. »

L'oncle la regardait alors tout pâle.

« Vous voulez donc partir? fit-il les joues tremblantes.

— Je suis prisonnière, dit-elle, je savais cela; mon seul espoir était que les Républicains reviendraient à la charge, et qu'ils me délivreraient en marchant sur Landau; mais puisqu'il en est autrement, il faut que je parte.

— Vous voulez partir! répéta l'oncle d'un ton désespéré.

— Oui, monsieur le docteur, je veux partir pour vous épargner de grands chagrins; vous êtes trop bon, trop généreux pour comprendre les dures lois de la guerre : vous ne voyez que la justice! Mais en temps de guerre, la justice n'est rien, la force est tout. Les Prussiens sont vainqueurs, ils arrivent, ils m'emmèneront parce que c'est leur consigne. Les soldats ne connaissent que leur consigne . la loi, la vie, l'honneur, la raison des gens ne sont rien; leur consigne passe avant tout. »

L'oncle, renversé dans son fauteuil, ses gros yeux pleins de larmes, ne savait que répondre;

seulement il avait pris la main de madame Thérèse et la serrait avec une émotion extraordinaire ; puis, se relevant la face toute bouleversée, il se remit à marcher, en vouant les oppresseurs du genre humain à l'exécration des siècles futurs, en maudissant Richter et tous les gueux de son espèce, et déclarant d'une voix de tonnerre que les Républicains avaient raison de se défendre, que leur cause était juste, qu'il le voyait maintenant, et que toutes les vieilles lois, les vieux fatras des ordonnances, des règlements et des chartes de toutes sortes n'avaient jamais profité qu'aux nobles et aux moines contre les pauvres gens. Ses joues se gonflaient, il trébuchait, il ne parlait plus, il bredouillait; il disait que tout devait être aboli de fond en comble, que le règne du courage et de la vertu devait seul triompher, et finalement, dans une sorte d'enthousiasme extraordinaire, les bras étendus vers madame Thérèse, et les joues rouges jusqu'à la nuque, il lui proposa de monter avec elle sur son traîneau et de la conduire dans la haute montagne chez un bûcheron de ses amis, où elle serait en sûreté; il lui tenait les deux mains et disait :

. Partons... allons-nous-en... vous serez très-bien chez le vieux Ganglof... C'est un homme qui m'est tout dévoué... Je les ai sauvés, lui et son fils... ils vous cacheront... Les Prussiens n'iront pas vous chercher dans les gorges du Lauterfelz ! .

Mais madame Thérèse refusa, disant que si les Prussiens ne la trouvaient pas à Anstatt, ils arrêteraient l'oncle à sa place, et qu'elle aimait mieux risquer de périr de fatigue et de froid sur la grande route, que d'exposer à un tel malheur l'homme qui l'avait sauvée d'entre les morts.

Elle dit cela d'une voix très-ferme, mais l'oncle ne tenait plus compte alors de semblables raisons. Je me rappelle que ce qui l'ennuyait le plus, c'était de voir partir madame Thérèse avec des hommes barbares, des sauvages venus du fond de la Poméranie; il ne pouvait supporter cette idée et s'écriait :

. Vous êtes faible... vous êtes encore malade... Ces Prussiens ne respectent rien... c'est une race pleine de jactance et de brutalité... Vous ne savez pas comment ils traitent leurs prisonniers... je l'ai vu, moi... c'est une honte pour mon pays... J'aurais voulu le cacher, mais il faut que je l'avoue maintenant : c'est affreux!

—Sans doute, monsieur Jacob, répondit-elle, je connais cela par d'anciens prisonniers de mon bataillon : nous marcherons deux à deux, quatre à quatre, tristes, quelquefois sans pain, souvent brutalisés et pressés par l'escorte. Mais les gens de la campagne sont bons chez vous,

ce sont de braves gens... ils ont de la pitié... et les Français sont gais, monsieur le docteur... il n'y aura que la route de pénible, et encore je trouverai dix, vingt de mes camarades pour porter mon petit paquet : les Français ont des égards pour les femmes. Je vois cela d'avance, fit-elle en souriant toute mélancolique, un d'entre nous marchera devant en chantant un vieil air de l'Auvergne, pour marquer le pas, ou bien un air plus joyeux de la Provence, pour éclaircir votre ciel gris; nous ne serons pas aussi malheureux. que vous pensez, monsieur Jacob. .

Elle parlait ainsi doucement, la voix un peu tremblante, et à mesure qu'elle parlait, je la voyais avec son petit paquet dans la file des prisonniers, et mon cœur se fendait. Oh! c'est alors que je sentis combien nous l'aimions, combien cela nous faisait de peine d'être forcés de la voir partir; car tout à coup je me pris à fondre en larmes, et l'oncle, s'asseyant en face de son secrétaire, les deux mains sur sa figure, resta dans le silence; mais de grosses larmes coulaient lentement jusque sur son poignet. Madame Thérèse elle-même, voyant ces choses, ne put se défendre de sangloter; elle me prenait dans ses bras doucement, et me donnait de gros baisers en me disant :

. Ne pleure pas, Fritzel, ne pleure pas ainsi... Vous penserez quelquefois à moi, n'est-ce pas? Moi, je ne vous oublierai jamais ! .

Scipio seul restait calme, se promenant autour du fourneau, et nous regardant sans rien comprendre à notre chagrin.

Ce ne fut que vers dix heures, lorsque nous entendîmes Lisbeth allumer du feu dans la cuisine, que nous reprîmes un peu de calme.

Alors l'oncle se mouchant avec force, dit :

. Madame Thérèse, vous partirez, puisque vous voulez partir absolument; mais il m'est impossible de consentir à ce que ces Prussiens viennent vous prendre ici comme une voleuse, et vous emmènent au milieu de tout le village. Si l'une de ces brutes vous adressait une parole dure ou insolente, je m'oublierais... car maintenant ma patience est à bout... je le sens, je serais capable de me porter à quelque grande extrémité. Permettez-moi donc de vous conduire moi-même à Kaiserslautern avant que ces gens n'arrivent. Nous partirons de grand matin, vers quatre ou cinq heures, sur mon traîneau; nous prendrons les chemins de traverse, et à midi au plus tard nous serons là-bas. Y consentez-vous?

—Oh ! monsieur Jacob, comment pourrais-je refuser cette dernière marque de votre affection? dit-elle tout attendrie. J'accepte avec reconnaissance.

— Cela se fera donc de la sorte, dit l'oncle gravement. Et maintenant essuyons nos larmes, écartons autant que possible ces pensées amères, afin de ne pas trop attrister les derniers instants que nous passerons ensemble. »

Il vint m'embrasser, écarta les cheveux de mon front et dit :

« Fritzel, tu es un bon enfant, tu as un excellent cœur. Rappelle-toi que ton oncle Jacob a été content de toi en ce jour : c'est une bonne pensée de se dire qu'on a donné de la satisfaction à ceux qui nous aiment ! »

XV

Depuis cet instant le calme se rétablit chez nous. Chacun songeait au départ de madame Thérèse, au grand vide que cela ferait dans notre maison, à la tristesse qui succéderait pendant des semaines et des mois aux bonnes soirées que nous avions passées ensemble, à la douleur du mauser, de Koffel et du vieux Schmitt en apprenant cette mauvaise nouvelle; plus on rêvait, plus on découvrait de nouveaux sujets d'être désolé.

Moi, ce qui me semblait le plus amer, c'était de quitter mon ami Scipio; je n'osais pas le dire, mais en pensant qu'il allait partir, que je ne pourrais plus me promener avec lui dans le village, au milieu de l'admiration universelle, que je n'aurais plus le bonheur de lui voir faire l'exercice, et que je serais comme avant, seul à me promener les mains dans les poches et le bonnet de coton tiré sur les oreilles, sans honneur et sans gloire, un tel désastre me semblait le comble de la désolation. Et ce qui finissait de m'abreuver d'amertume, c'est que Scipio, grave et pensif, était venu s'asseoir devant moi, me regardant à travers ses épais sourcils frisés, d'un air aussi chagrin que s'il eût compris qu'il fallait nous séparer dans les siècles des siècles. Oh! quand je pense à ces choses, encore aujourd'hui je m'étonne que les grosses boucles blondes de mes cheveux ne soient pas devenues toutes grises, au milieu de ces réflexions désolantes. Je ne pouvais pas même pleurer, tant ma douleur était cruelle; je restais le nez en l'air, mes grosses lèvres retroussées, et les deux mains croisées autour d'un genou.

L'oncle, lui, se promenait de long en large, et de temps en temps il toussait tout bas en redoublant de marcher.

Madame Thérèse, toujours active, malgré sa tristesse et ses yeux rouges, avait ouvert l'armoire du vieux linge, et se taillait dans de la grosse toile, une espèce de sac à doubles bretelles pour mettre ses effets de route ; on entendait crier les ciseaux sur la table, elle ajustait les pièces avec son adresse ordinaire. Enfin, quand tout fut prêt, elle tira de sa poche une aiguille et du fil, puis elle s'assit, mit le dé au bout de son doigt, et depuis cet instant on ne vit plus que sa main aller et venir comme l'éclair.

Tout cela se faisait dans le plus grand silence; on n'entendait que le pas lourd de l'oncle sur le plancher et la marche cadencée de notre vieille horloge, que ni nos joies ni notre désolation ne faisaient avancer ou retarder d'une seconde. Ainsi va la vie; le temps qui marche ne demande pas : « Etes-vous tristes? êtes-vous gais? riez-vous? pleurez-vous? est-ce le printemps, l'automne ou l'hiver? » Il va, va toujours! Et ces millions d'atomes qui tourbillonnent dans un rayon de soleil, et dont la vie commence et finit d'un tic-tac à l'autre, comptent autant pour lui que l'existence d'un vieillard de cent ans. Hélas! nous sommes bien peu de chose.

Lisbeth étant venue vers midi mettre la nappe, l'oncle s'arrêta et lui dit :

« Tu feras cuire un petit jambon pour demain matin; madame Thérèse part.

Et comme la vieille servante le regardait toute saisie :

« Les Prussiens la réclament, dit-il d'une voix enrouée; ils ont la force pour eux... il faut obéir. »

Alors Lisbeth déposa ses assiettes au bord de la table et, nous regardant l'un après l'autre, elle releva son bonnet sur sa tête, comme si cette nouvelle avait pu la déranger, puis elle dit:

« Madame Thérèse part... ça n'est pas possible... je ne croirai jamais cela.

— Il le faut, ma pauvre Lisbeth, répondit madame Thérèse tristement, il le faut, je suis prisonnière... on vient me chercher.

— Les Prussiens?

— Oui, les Prussiens. »

Alors la vieille, que l'indignation suffoquait, dit :

« J'ai toujours pensé que ces Prussiens n'étaient pas grand'chose : des tas de gueux, de véritables bandits! Venir attaquer une honnête femme? Si les hommes avaient pour deux liards de cœur, est-ce qu'ils souffriraient ça?

— Et que ferais-tu? lui demanda l'oncle, dont la face se ranimait, car l'indignation de la vieille lui faisait plaisir intérieurement.

— Moi, je chargerais mes *kougelreiter* [*],

[*] Pistolets de cavalerie.

J'ai toujours pensé que ces Prussiens n'étaient pas grand'chose. (Page 71.)

s'écria Lisbeth, je leur dirais par la fenêtre :
« Passez votre chemin, bandits ! n'entrez pas,
ou gare ! » Et le premier qui dépasserait la
porte, je l'étendrais roide. Oh ! les gueux !

— Oui, oui, fit l'oncle, voilà comment on
devrait recevoir des gens pareils ; mais nous ne
sommes pas les plus forts. »

Puis il se remit à marcher, et Lisbeth, toute
tremblante, plaça les couverts.

Madame Thérèse ne disait rien.

La table mise, nous dînâmes tout rêveurs.
Ce n'est qu'à la fin, lorsque l'oncle alla chercher une vieille bouteille de bourgogne à la
cave, et que rentrant il s'écria tristement :

« Réjouissons un peu nos cœurs, et fortifions-
nous contre ces grands chagrins qui nous ac-
cablent. Qu'avant votre départ, madame Thérèse, ce vieux vin qui vous a rendu la force, et
qui nous a tous égayés un jour de bonheur,
brille encore au milieu de nous, comme un
rayon de soleil, et dissipe quelques instants les
nuages qui nous entourent. »

Ce n'est qu'au moment où d'une voix ferme,
il dit cela, que nous sentîmes renaître un peu
notre courage.

Mais quelques instants après, lorsque, s'adressant à Lisbeth, il lui dit de chercher un verre
pour trinquer avec madame Thérèse, et que la
pauvre vieille se mit à fondre en larmes, le ta-
blier sur la figure, alors notre fermeté disparut, et tous ensemble nous nous mîmes à sangloter comme des malheureux.

« Oui, oui, disait l'oncle, nous avons eu du
bonheur ensemble... voilà l'histoire humaine ! »

Voici la citoyenne Thérèse! (Page 78.)

les instants de joie passent vite et la douleur
dure longtemps. Celui qui nous regarde là-
haut sait pourtant que nous ne méritons pas de
souffrir ainsi, que des êtres méchants nous ont
désolés; mais il sait aussi que la force, la vraie
force est dans sa main, et qu'il pourra nous
rendre heureux dès qu'il le voudra. C'est pour
cela qu'il permet ces iniquités, car il a confiance
dans la réparation. Soyons donc calmes et
fions-nous en lui.—A la santé de madame Thérèse! »

Et nous bûmes tous, les joues couvertes de
larmes.

Lisbeth, en entendant parler de la puissance
de Dieu, s'était un peu calmée, car elle avait
des sentiments pieux, et pensa que les choses
devaient être ainsi, pour le plus grand bien de

tous dans la vie éternelle, mais elle n'en continua pas moins à maudire les Prussiens du
fond de l'âme, et tous ceux qui leur ressem-
blaient.

Après dîner, l'oncle recommanda surtout à
la vieille servante de ne pas répandre le bruit
de ces événements au village, sans quoi Richter
et tous les gueux d'Anstatt seraient là le lendemain de bonne heure pour voir le départ de
madame Thérèse et jouir de notre humiliation.
Elle le comprit très-bien, et lui promit de modérer sa langue. Puis l'oncle sortit pour aller
voir le mauser.

Toute cette après-midi, je ne quittai pas la
maison. Madame Thérèse continua ses prépa-
ratifs de départ; Lisbeth l'aidait et voulait
fourrer dans son sac une foule de choses inu-

tiles, disant qu'il faut de tout en route, qu'on est content de trouver ce qu'on a mis dans un coin, qu'étant un jour allée à Pirmasens, elle avait bien regretté son peigne et ses tresses à rubans.

Madame Thérèse souriait.

« Non, Lisbeth, disait-elle, songez donc que je ne voyagerai pas en voiture, et que tout cela sera sur mon dos : trois bonnes chemises, trois mouchoirs, deux paires de souliers et quelques paires de bas suffisent. A toutes les haltes on s'arrête une heure ou deux près de la fontaine; on fait la lessive. Vous ne connaissez pas la lessive des soldats? Mon Dieu, que de fois je l'ai faite! Nous autres Français, nous aimons à être propres, et nous le sommes toujours avec notre petit paquet. »

Elle paraissait de bonne humeur, et seulement lorsqu'elle adressait de temps en temps à Scipio quelques paroles amicales, sa voix devenait toute mélancolique; je ne savais pas pourquoi, mais je le sus plus tard, lorsque l'oncle revint.

La journée s'avançait; sur les quatre heures, la nuit commençait à se faire; en ce moment tout était prêt, le sac renfermant les effets de madame Thérèse pendait au mur. Elle s'assit au coin du fourneau, m'attirant sur ses genoux en silence; Lisbeth rentra dans la cuisine, préparer le souper, et dès lors aucune parole ne fut échangée; la pauvre femme rêvait sans doute à l'avenir qui l'attendait sur la route de Mayence, au milieu de ses compagnons d'infortune; elle ne disait rien, et je sentais sa douce respiration sur ma joue.

Cela durait depuis une demi-heure, et la nuit était venue, lorsque l'oncle ouvrit la porte, en demandant :

« Êtes-vous là, madame Thérèse?

— Oui, monsieur le docteur.

— Bon... bon... j'ai vu mes malades... j'ai prévenu Koffel, le mauser et le vieux Schmitt; tout va bien, ils seront ici ce soir pour recevoir vos adieux. »

Sa voix était raffermie. Il alla lui-même chercher de la lumière à la cuisine, et nous voyant ensemble en rentrant, cela parut le réjouir.

« Fritzel se conduit bien, dit-il. Maintenant il va perdre vos bonnes leçons; mais j'espère qu'il s'exercera tout seul à lire en français, et qu'il se rappellera toujours qu'un homme ne vaut que par ses connaissances. Je compte là-dessus. »

Alors madame Thérèse lui fit voir son petit paquet en détail; elle souriait, et l'oncle disait :

« Quel heureux caractère ont ces Français!

Au milieu des plus grandes infortunes, ils conservent un fonds de gaieté naturelle; leur désolation ne dure jamais plusieurs jours. Voilà ce que j'appelle un présent de Dieu, le plus beau, le plus désirable de tous. »

Mais de cette journée, — dont le souvenir ne s'effacera jamais de ma mémoire, parce qu'elle fut la première où je vis la tristesse de ceux que j'aimais; — de tout ce jour, ce qui m'attendrit le plus, ce fut quelques instants avant le souper, lorsque, tranquillement assise derrière le poêle, la tête de Scipio sur les genoux, et regardant au fond de la salle obscure d'un air rêveur, madame Thérèse se prit tout à coup à dire :

« Monsieur le docteur, je vous dois bien des choses... et cependant il faut que je vous fasse encore une demande.

— Quoi donc, madame Thérèse?

— C'est de garder auprès de vous mon pauvre Scipio... de le garder en souvenir de moi... Qu'il soit le compagnon de Fritzel, comme il a été le mien, et qu'il n'ait pas à supporter les nouvelles épreuves de ma vie de prisonnière. »

Comme elle disait cela, je crus sentir mon cœur se gonfler, et je frémis de bonheur et de tendresse jusqu'au fond des entrailles. J'étais accroupi sur ma petite chaise basse devant le fourneau; je pris mon Scipio, je l'attirai, j'enfonçai mes deux grosses mains rouges dans son épaisse toison, un véritable déluge de larmes inonda mes joues; il me semblait qu'on venait de me rendre tous les biens de la terre et du ciel que j'avais perdus.

L'oncle me regardait tout surpris; il comprit sans doute ce que j'avais souffert en songeant qu'il fallait me séparer de Scipio, car au lieu de faire des observations à madame Thérèse sur le sacrifice qu'elle s'imposait, il dit simplement :

« J'accepte, madame Thérèse, j'accepte pour Fritzel, afin qu'il se souvienne combien vous l'avez aimé; qu'il se rappelle toujours que dans le plus grand chagrin vous lui avez laissé, comme marque de votre affection, un être bon, fidèle, non-seulement votre propre compagnon, mais encore celui de Petit-Jean, votre frère; qu'il ne l'oublie jamais et qu'il vous aime aussi. »

Puis s'adressant à moi :

« Fritzel, dit-il, tu ne remercies pas madame Thérèse? »

Alors je me levai, et sans pouvoir dire un mot tant je sanglotais, j'allai me jeter dans les bras de cette excellente femme et je ne la quittai plus; je me tenais près d'elle, le bras sur son épaule, regardant à nos pieds Scipio à travers de grosses larmes, et le touchant du bout des doigts avec un sentiment de joie inexprimable.

Il fallut du temps pour m'apaiser. Madame Thérèse, en m'embrassant, disait : « Cet enfant a bon cœur, il s'attache facilement, c'est bien! » ce qui redoublait encore mes pleurs. Elle écartait mes cheveux de mon front et semblait attendrie.

Après le souper, Koffel, le mauser et le vieux Schmitt arrivèrent gravement, le bonnet sous le bras; ils exprimèrent à madame Thérèse leur chagrin de la voir partir, et leur indignation contre ce gueux de Richter, auquel tout le monde attribuait la dénonciation, car seul il était capable d'un trait pareil.

On s'était assis autour du fourneau; madame Thérèse semblait touchée de la douleur de ces braves gens, et malgré cela, son caractère ferme, décidé, ne l'abandonnait pas.

« Écoutez, mes amis, dit-elle, si le monde était semé de roses, et si l'on ne trouvait partout que des gens de cœur pour célébrer la justice et le bon droit, quel mérite aurait-on à soutenir ces principes? Franchement, cela ne vaudrait pas la peine de vivre! Nous avons de la chance d'arriver dans un temps où l'on fait de grandes choses, où l'on combat pour la liberté; du moins on parlera de nous, et notre existence n'aura pas été inutile : toutes nos misères, toutes nos souffrances, tout notre sang répandu formeront un sublime spectacle pour les générations futures; tous les gueux frémiront en pensant qu'ils auraient pu nous rencontrer et que nous les aurions balayés, et toutes les grandes âmes regretteront de n'avoir pu prendre part à nos travaux. Voilà le fond des choses. Ne me plaignez donc pas; je suis fière et je suis heureuse de souffrir pour la France, qui représente dans le monde la liberté, la justice et le droit. — Vous nous croyez peut-être battus? c'est une erreur : nous avons reculé d'un pas hier, nous en ferons vingt en avant demain. Et si par malheur la France ne représente plus un jour cette grande cause que nous défendons, d'autres peuples prendront notre place et poursuivront notre ouvrage, car la justice et la liberté sont immortelles et tous les despotes du monde ne parviendront jamais à les détruire. — Quant à moi, je pars pour Mayence et peut-être pour la Prusse, escortée par des soldats de Brunswick; mais souvenez-vous de ce que je vous dis : les Républicains n'en sont encore qu'à leur première étape, et je suis sûre qu'avant la fin de l'année prochaine ils viendront me délivrer. »

Ainsi parlait cette femme fière, qui souriait, et dont les yeux étincelaient. On voyait bien que les misères n'étaient rien pour elle, et

chacun pensait : « Si ce sont là les femmes républicaines, qu'est-ce que les hommes doivent donc être ?...

Koffel pâlissait de plaisir en l'écoutant parler; le mauser clignait de l'œil à l'oncle et lui disait tout bas :

« Tout ça, je le sais depuis longtemps, c'est écrit dans mon livre; il faut que ces choses arrivent... c'est écrit! »

Le vieux Schmitt, ayant demandé la permission d'allumer sa pipe, lançait de grosses bouffées coup sur coup, et murmurait entre ses dents : ·

« Quel malheur que je n'aie pas vingt ans! j'irais m'engager chez ces gens-là! Voilà ce qu'il me fallait... Qu'est-ce qui m'empêcherait de devenir général comme le premier venu? Quel malheur! »

Enfin, sur le coup de neuf heures, l'oncle dit :

« Il se fait tard... il faudra partir avant le jour... Je crois que nous ferions bien d'aller prendre un peu de repos. »

Et tout le monde se leva dans une sorte d'attendrissement; on s'embrassa les uns les autres comme de vieilles connaissances, en se promettant de ne jamais s'oublier. Koffel et Schmitt sortirent les premiers, le mauser et l'oncle s'entretinrent un instant tout bas sur le seuil de la maison. Il faisait un clair de lune superbe, tout était blanc sur la terre; le ciel, d'un bleu sombre, fourmillait d'étoiles. Madame Thérèse, Scipio et moi nous sortîmes contempler ce magnifique spectacle, qui montre bien la petitesse et la vanité des choses humaines quand on y pense, et qui confond l'esprit par sa grandeur sans bornes.

Puis le mauser s'éloigna, serrant de nouveau la main de l'oncle; on le voyait comme en plein jour marcher dans la rue déserte. Enfin il disparut au coin de la ruelle des Orties, et le froid étant très-vif, nous rentrâmes tous en nous souhaitant le bonsoir.

L'oncle, sur le seuil de ma chambre, m'embrassa et me dit d'une voix étrange, en me serrant sur son cœur :

« Fritzel... travaille... travaille... et conduis-toi bien, cher enfant! »

Il entra chez lui tout ému.

Moi, je ne pensais qu'au bonheur de garder Scipio. Une fois dans ma chambre, je le fis coucher à mes pieds, entre le chaud duvet et le bois de lit; il se tenait là tranquille, la tête entre les pattes; je sentais ses flancs se dilater doucement à chaque respiration, et je n'aurais pas changé mon sort contre celui de l'empereur d'Allemagne.

Jusque passé dix heures, il me fut impossible

de dormir, en songeant à ma félicité. L'oncle allait et venait chez lui; je l'entendis ouvrir son secrétaire, puis faire du feu dans le poêle de sa chambre pour la première fois de l'hiver; je pensai qu'il avait l'idée de veiller, et je finis par m'endormir profondément.

XVI

Neuf heures sonnaient à l'église, lorsque je fus éveillé par un cliquetis de ferraille devant notre maison; des chevaux piétinaient sur la terre durcie, on entendait des gens parler à notre porte.

L'idée me vint aussitôt que les Prussiens arrivaient pour prendre madame Thérèse, et je souhaitai de tout mon cœur que l'oncle Jacob n'eût pas aussi longtemps dormi que moi. Deux minutes après je descendais l'escalier, et je découvrais au bout de l'allée cinq ou six hussards enveloppés dans leur dolman, la grande sabretache pendant jusqu'au-dessous de l'étrier, et le sabre au poing. L'officier, un petit blond très-maigre, les joues creuses, les pommettes plaquées de rose et les grosses moustaches d'un roux fauve, se tenait en travers de l'allée sur un grand cheval noir, et Lisbeth, le balai à la main, répondait à ses questions d'un air effrayé.

Plus loin, s'étendait un cercle de gens, la bouche béante, se penchant l'un sur l'autre pour entendre. Au premier rang, je remarquai le mauser, les mains dans les poches, et M. Richter qui souriait, les yeux plissés et les dents découvertes, comme un vieux renard en jubilation. Il était venu sans doute pour jouir de la confusion de l'oncle.

« Ainsi votre maître et la prisonnière sont partis ensemble ce matin? disait l'officier.

—Oui, monsieur le commandant, répondit Lisbeth.

—A quelle heure?

—Entre cinq et six heures, monsieur le commandant, il faisait encore nuit; j'ai moi-même accroché la lanterne au timon du traîneau.

—Vous aviez donc reçu l'avis de notre arrivée? dit l'officier en lui lançant un coup d'œil perçant. »

Lisbeth regarda le mauser, qui sortit du cercle et répondit pour elle sans gêne.

« Sauf votre respect, j'ai vu le docteur Jacob hier soir, c'est un de mes amis... Cette pauvre vieille ne sait rien... Depuis longtemps le docteur était las de la Française, il avait envie de s'en débarrasser, et quand il a vu qu'elle pou-

vait supporter le voyage, il a profité du premier moment.

—Mais comment ne les avons-nous pas rencontrés sur la route? s'écria le Prussien en regardant le mauser de la tête aux pieds.

—Hé! vous aurez pris le chemin de la vallée, le docteur aura passé par le Waldeck et la montagne; il y a plus d'un chemin pour aller à Kaiserslautern. »

L'officier, sans répondre, sauta de son cheval, il entra dans notre chambre, poussa la porte de la cuisine et fit semblant de regarder à droite et à gauche; puis il ressortit et dit en se remettant en selle :

« Allons, voilà notre affaire faite; le reste ne nous regarde plus. »

Il se dirigea vers le *Cruchon-d'Or*, ses hommes le suivirent, et la foule se dispersa, causant de ces événements extraordinaires. Richter semblait confus et comme indigné, Spick nous regardait d'un œil louche; ils remontèrent ensemble les marches de l'auberge, et Scipio, qui s'était tenu sur notre escalier, sortit alors en aboyant de toutes ses forces.

Les hussards se rafraîchirent au *Cruchon-d'Or*, puis nous les revîmes passer devant chez nous, sur la route de Kaiserslautern, et depuis nous n'en eûmes plus de nouvelles.

Lisbeth et moi nous pensions que l'oncle reviendrait à la nuit; mais quand nous vîmes s'écouler tout le jour, puis le lendemain et le surlendemain sans même recevoir de lettre, on peut s'imaginer notre inquiétude.

Scipio montait et descendait dans la maison; il se tenait le nez au bas de la porte du matin au soir, appelant madame Thérèse, reniflant et pleurant d'un ton lamentable. Sa désolation nous gagnait; mille idées de malheurs nous passaient par la tête.

Le mauser venait nous voir tous les soirs et nous disait :

« Bah! tout cela n'est rien; le docteur a voulu recommander madame Thérèse, il ne pouvait pas la laisser partir avec les prisonniers, c'était contraire au bon sens; il aura demandé une audience au feld-maréchal Brunswick, pour tâcher de la faire entrer à l'hôpital de Kaiserslautern... Toutes ces démarches demandent du temps... Tranquillisez-vous, il reviendra. »

Ces paroles nous rassuraient un peu, car le taupier semblait très-calme; il fumait sa pipe au coin du fourneau, les jambes étendues et la mine rêveuse.

Malheureusement le garde forestier Rœdig, qui demeurait dans les bois, sur le chemin de Pirmasens, où se trouvaient alors les Français, vint apporter un rapport à la mairie d'Anstatt.

et s'étant arrêté quelques instants à l'auberge de Spick, il raconta que l'oncle Jacob avait passé, trois jours auparavant, vers huit heures du matin, devant la maison forestière et qu'il s'y était même arrêté un instant avec madame Thérèse, pour se réchauffer et boire un verre de vin. Il dit aussi que l'oncle paraissait tout joyeux, et qu'il avait deux longs *kougelreiter* dans les poches de sa houppelande.

Alors le bruit courut que le docteur Jacob, au lieu de se rendre à Kaiserslautern, avait conduit la prisonnière chez les Républicains, et ce fut un grand scandale; Richter et Spick criaient partout qu'il méritait d'être fusillé, que c'était une abomination, et qu'il fallait confisquer ses biens.

Le mauser et Koffel répondaient que le docteur s'était sans doute trompé de chemin à cause des grandes neiges, qu'il avait pris à gauche dans la montagne, au lieu de tourner à droite, mais chacun savait bien que l'oncle Jacob connaissait le pays comme pas un contre-bandier, et l'indignation augmentait de jour en jour.

Je ne pouvais plus sortir sans entendre mes camarades crier que l'oncle Jacob était un jacobin; il me fallait livrer bataille pour le défendre, et malgré le secours de Scipio, je rentrai plus d'une fois à la maison le nez meurtri.

Lisbeth se désolait surtout des bruits de confiscation :

« Quel malheur! disait-elle les mains jointes, quel malheur à mon âge, d'être forcée de faire son paquet et d'abandonner une maison où l'on a passé la moitié de sa vie ! »

C'était bien triste. Le mauser seul conservait son air tranquille.

« Vous êtes des fous de vous faire du mauvais sang, disait-il; je vous répète que le docteur Jacob ne se porte bien et qu'on ne confisquera rien du tout. Tenez-vous en paix, mangez bien, dormez bien, et pour le reste, j'en réponds. »

Il clignait de l'œil d'un air malin, et finissait toujours par dire :

« Mon livre raconte ces choses... Maintenant elles s'accomplissent et tout va très-bien. »

Malgré ces assurances tout allait de mal en pis, et la racaille du village excitée par ce gueux de Richter commençait à venir crier sous nos fenêtres, lorsqu'un beau matin tout rentra subitement dans l'ordre. Vers le soir le mauser arriva, la mine riante, et prit sa place ordinaire en disant à Lisbeth qui filait :

« Eh bien, on ne crie plus, on ne veut plus nous confisquer, on se tient bien tranquille, hè ! hè ! hè ! »

Il n'en dit pas davantage, mais dans la nuit nous entendîmes des voitures passer en foule, des gens marcher en masse par la grande rue; c'était pire qu'à l'arrivée des Républicains, car personne ne s'arrêtait : on allait... on allait toujours!

Je ne pus dormir une minute, Scipio à chaque instant grondait. Au petit jour, ayant regardé par nos vitres, je vis encore une dizaine de grandes voitures chargées de blessés, s'éloigner en cahotant. C'étaient des Prussiens. Puis arrivèrent deux ou trois canons, puis une centaine de hussards, de cuirassiers, de dragons, pêle-mêle dans un grand désordre; puis des cavaliers démontés, leur porte-manteau sur l'épaule et couverts de boue jusqu'à l'échine. Tous ces hommes semblaient harassés; mais ils ne s'arrêtaient pas, ils n'entraient pas dans les maisons, et marchaient comme s'ils avaient eu le diable à leurs trousses.

Les gens, sur le seuil de leur porte, regardaient cela d'un air morne.

En jetant les yeux sur la côte du Birkenwald, on voyait la file des voitures, des caissons, de la cavalerie et de l'infanterie se prolonger bien au delà du bois.

C'était l'armée du feld-maréchal Brunswick en retraite après la bataille de Frœschwiller, comme nous l'avons appris plus tard; elle avait traversé le village dans une seule nuit. Cela se passait du 28 au 29 décembre, et si je me le rappelle si bien, c'est que le lendemain de bonne heure, le mauser et Koffel arrivèrent tout joyeux, ils avaient une lettre de l'oncle Jacob, et le mauser, en nous la montrant, dit :

« Hé! hé! hé! ça va bien... ça va bien! le règne de la justice et de l'égalité commence... Écoutez un peu ! »

Il s'assit devant notre table, les deux coudes écartés. J'étais près de lui et je lisais par-dessus son épaule; Lisbeth, toute pâle, écoutait derrière, et Koffel, debout contre la vieille armoire, souriait en se caressant le menton. Ils avaient déjà lu la lettre deux ou trois fois, le mauser la savait presque par cœur.

Donc il lut ce qui suit, en s'arrêtant parfois pour nous regarder d'un air d'enthousiasme :

« Wissembourg, le 8 nivôse an II
« de la République française.

« Aux citoyens Mauser et Koffel, à la citoyenne Lisbeth, au petit citoyen Fritzel, salut et fraternité !

« La citoyenne Thérèse et moi nous vous souhaitons d'abord joie, concorde et prospérité.

« Vous saurez ensuite que nous vous écrivons ces lignes de Wissembourg, au milieu

« des triomphes de la guerre : nous avons
« chassé les Prussiens de Frœschwiller, et nous
« sommes tombés sur les Autrichiens au Geis-
« berg comme le tonnerre.

« Ainsi l'orgueil et la présomption reçoivent
« leur récompense ; quand les gens ne veulent
« pas entendre de bonnes raisons, il faut bien
« leur en donner de meilleures ; mais c'est ter-
« rible d'en venir à de telles extrémités, oui,
« c'est terrible !

« Mes chers amis, depuis longtemps je gémis-
« sais en moi-même sur l'aveuglement de ceux
« qui dirigent les destinées de la vieille Alle-
« magne ; je déplorais leur esprit d'injustice,
« leur égoïsme ; je me demandais si mon devoir
« d'honnête homme n'était pas de rompre
« avec tous ces êtres orgueilleux, et d'adopter
« les principes de justice, d'égalité et de fra-
« ternité proclamés par la Révolution fran-
« çaise. Tout cela me jetait dans un grand
« trouble, car l'homme tient aux idées qu'il a
« reçues de ses pères, et de telles révolutions
« intérieures ne se font pas sans un grand dé-
« déchirement. Néanmoins j'hésitais encore,
« mais lorsque les Prussiens, contrairement au
« droit des gens, réclamèrent la malheureuse
« prisonnière que j'avais recueillie, je ne pus
« en supporter davantage : au lieu de conduire
« madame Thérèse à Kaiserslautern, je pris
« aussitôt la résolution de la mener à Pirma-
« sens, chose que j'ai faite avec l'aide de
« Dieu.

« A trois heures de l'après-midi, nous étions
« en vue des avant-postes, et comme madame
« Thérèse regardait, elle entendit le tambour et
« s'écria : « Ce sont les Français ! monsieur le
« docteur, vous m'avez trompée ! » Elle se jeta
« dans mes bras, fondant en larmes, et je me
« pris moi-même à pleurer, tant j'étais ému !

« Sur toute la route, depuis les *Trois-Maisons*
« jusqu'à la place du Temple-Neuf, les soldats
« criaient : « Voici la citoyenne Thérèse ! » Ils
« nous suivaient, et quand il fallut descendre
« du traîneau, plusieurs m'embrassèrent avec
« une véritable effusion. D'autres me serraient
« les mains, enfin on m'accablait d'honneurs.

« Je ne vous parlerai pas, mes chers amis,
« de la rencontre de madame Thérèse et du
« petit Jean ; ces choses ne sont pas à peindre !
« Tous les plus vieux soldats du bataillon,
« même le commandant Duchêne, qui n'est
« pas tendre, détournaient la tête pour ne pas
« montrer leurs larmes : c'était un spectacle
« comme je n'en ai jamais vu de ma vie. Le
« petit Jean est un brave garçon ; il ressemble
« beaucoup à mon cher petit Fritzel, aussi je
« l'aime bien.

« En ce même jour il se passa des événe-
« ments extraordinaires à Pirmasens. Les Ré-
« publicains campaient autour de la ville ; le
« général Hoche annonça qu'on allait prendre
« les quartiers d'hiver, et qu'il fallait construire
« des baraques. Mais les soldats refusèrent, ils
« voulaient loger dans les maisons. Alors le
« général déclara que ceux qui refuseraient le
« service ne marcheraient pas au combat. J'ai
« moi-même assisté à cette proclamation, qui
« se lisait dans les compagnies, et j'ai vu le
« général Hoche forcé de pardonner à ces
« hommes devant le palais du prince, car ils
« étaient dans le plus grand désespoir.

« Le général ayant appris qu'un médecin
« d'Anstatt avait ramené la citoyenne Thérèse
« au premier bataillon de la deuxième brigade,
« je reçus l'ordre, vers huit heures, d'aller à
« l'Orangerie. Il était là, près d'une table de
« sapin, habillé comme un simple *hauptmann*,
« avec deux autres citoyens qu'on m'a dit être
« les conventionnels Lacoste et Baudot, deux
« grands maigres qui me regardaient de tra-
« vers. — Le général vint à ma rencontre :
« c'est un homme brun, les yeux jaunes et les
« cheveux partagés au milieu du front ; il s'ar-
« rêta en face de moi et me regarda deux
« secondes. Moi, songeant que ce jeune homme
« commandait l'armée de la Moselle, j'étais
« troublé ; mais tout à coup il me tendit la
« main et me dit : « Docteur Wagner, je vous
« remercie de ce que vous avez fait pour la
« citoyenne Thérèse ; vous êtes un homme de
« cœur. »

« Puis il m'emmena près de la table, où se
« trouvait déployée une carte, et me demanda
« différents renseignements sur le pays d'une
« façon si claire, qu'on aurait cru qu'il con-
« naissait les choses bien mieux que moi. Na-
« turellement je répondais, les deux autres
« écoutaient en silence. Finalement il me dit :
« Docteur Wagner, je ne puis vous proposer
« de servir dans les armées de la République,
« votre nationalité s'y oppose ; mais le 1er ba-
« taillon de la 2e brigade vient de perdre son
« chirurgien-major, le service de nos ambu-
« lances est encore incomplet, nous n'avons
« que des jeunes gens pour secourir nos bles-
« sés, je vous confie ce poste d'honneur : l'hu-
« manité n'a pas de patrie ! Voici votre com-
« mission. » Il écrivit quelques mots au bout
« de la table, et me prit encore une fois la
« main en me disant : « Docteur, croyez à mon
« estime ! » Après cela, je sortis.

« Madame Thérèse m'attendait dehors, et
« quand elle sut que j'allais être à la tête de
« l'ambulance du 1er bataillon, vous pouvez
« vous figurer sa joie.

« Nous pensions tous rester à Pirmasens jus-

« qu'au printemps, les baraques étaient en
« train de se bâtir, quand dans la nuit du sur-
« lendemain, vers dix heures, tout à coup nous
« reçûmes l'ordre de nous mettre en route
« sans éteindre les feux, sans faire de bruit,
« sans battre la caisse ni sonner de la trom-
« pette. Tout Pirmasens dormait. J'avais deux
« chevaux, l'un sous moi, l'autre en main ;
« j'étais au milieu des officiers, près du com-
« mandant Duchêne.

« Nous partons, les uns à cheval, les autres
« à pied, les canons, les caissons, les voitures
« entre nous, la cavalerie sur les flancs, sans
« lune et sans rien pour nous guider. Seule-
« ment, de loin en loin, un cavalier au tour-
« nant des chemins disait : « Par ici... par
« ici !... » Vers onze heures la lune se montra,
« nous étions en pleine montagne : toutes les
« cimes étaient blanches de neige. Les hommes
« à pied, le fusil sur l'épaule, couraient pour
« se réchauffer ; deux ou trois fois il me fallut
« descendre de cheval, tant j'avais l'onglée.
« Madame Thérèse, dans sa charrette couverte
« d'une toile grise, me tendait la gourde, et les
« capitaines étaient toujours là, prêts à la rece-
« voir après moi ; plus d'un soldat avait aussi
« son tour.

« Mais nous allions, nous allions sans nous
« arrêter. de sorte que vers six heures, quand
« le soleil pâle se mit à blanchir le ciel, nous
« étions à Lembach, sous la grande côte boisée
« de Steinfelz, à trois quarts de lieue de Wœrth.
« Alors, de tous les côtés on entendit crier :
« Halte !... halte !... » Ceux de derrière arri-
« vaient toujours ; à six heures et demie toute
« l'armée était réunie dans un vallon, et l'on
« se mit à faire la soupe.

« Le général Hoche, que j'ai vu passer alors
« avec ses deux grands conventionnels, riait ;
« il semblait de bonne humeur. Il entra dans
« la dernière maison du village ; les gens
« étaient étonnés de nous voir à cette heure,
« comme ceux d'Anstatt à l'arrivée des Répu-
« blicains. Les maisons sont si petites ici et si
« misérables, qu'il fallut porter deux tables
« dehors, et que le général tint conseil en
« plein air avec ses officiers, pendant que les
« troupes cuisaient ce qu'elles avaient em-
« porté.

« Cette halte dura juste le temps de manger
« et de reboucler son sac. Ensuite il fallut
« repartir mieux en ordre.

« A huit heures, en sortant de la vallée de
« Reichshofen, nous vîmes les Prussiens retran-
« chés sur les hauteurs de Frœschwiller et de
« Wœrth ; ils étaient plus de vingt mille, et
« leurs redoutes s'élevaient les unes au-dessus
« des autres.

« Toute l'armée comprit alors que nous
« avions marché si vite pour surprendre ces
« Prussiens seuls, car les Autrichiens étaient à
« quatre ou cinq lieues de là, sur la ligne de la
« Motter. Malgré cela, je ne vous cache pas,
« mes chers amis, que cette vue me porta d'a-
« bord un coup terrible ; plus je regardais,
« plus il me semblait impossible de gagner la ba-
« taille. D'abord ils étaient plus nombreux que
« nous, ensuite ils avaient creusé des fossés
« garnis de palissades, et derrière on voyait
« très-bien les canonniers qui se penchaient à
« côté de leurs canons et qui nous observaient,
« tandis que des files de baïonnettes innom-
« brables se prolongeaient jusque sur la côte.

« Les Français, avec leur caractère insou-
« ciant, ne voyaient pas tout cela et parais-
« saient même très-joyeux. Le bruit s'étant
« répandu que le général Hoche venait de pro-
« mettre six cents francs pour chaque pièce
« enlevée à l'ennemi, ils riaient en se mettant
« le chapeau sur l'oreille, et regardaient les
« canons en criant : « Adjugé ! adjugé ! » Il y
« avait de quoi frémir de voir une pareille
« insouciance et d'entendre ces plaisanteries.

« Nous autres, l'ambulance, les voitures de
« toute sorte, les caissons vides pour transpor-
« ter les blessés, nous restâmes derrière, et
« pour dire la vérité, cela me fit un véritable
« plaisir.

« Madame Thérèse était à trente ou quarante
« pas en avant de moi, j'allai me mettre près
« d'elle avec mes deux aides, dont l'un a été
« garçon apothicaire à Landrecies, et l'autre
« dentiste, et qui se sont fait chirurgiens d'eux-
« mêmes. Mais ils ont déjà de l'expérience, et
« ces jeunes gens, avec un peu de loisir et de
« travail, deviendront peut-être quelque chose.
« Madame Thérèse embrassait alors le petit
« Jean, qui se mit à courir pour suivre le ba-
« taillon.

« Toute la vallée, à droite et à gauche, était
« pleine de cavalerie en bon ordre. Le général
« Hoche, en arrivant, choisit lui-même tout
« de suite la place de deux batteries sur les
« collines de Reichshofen, et l'infanterie fit
« halte au milieu de la vallée.

« Il y eut encore une délibération, puis toute
« l'infanterie se rangea en trois colonnes ;
« l'une passa sur la gauche, dans la gorge de
« Réebach, les deux autres se mirent en marche
« sur les retranchements l'arme au bras.

« Le général Hoche, avec quelques officiers,
« se plaça sur une petite hauteur, à gauche de
« la vallée.

« Tout ce qui suivit, mes chers amis, me
« semble encore un rêve. Au moment où les
« colonnes arrivaient au pied de la côte, un

Combat de Froes'chwiller. (Page 80.)

« horrible fracas, comme une espèce de déchi-
« rement épouvantable, retentit ; tout fut cou-
« vert de fumée : c'étaient les Prussiens qui
« venaient de lâcher leurs batteries. Une se-
« conde après, la fumée s'étant un peu dissi-
« pée, nous vîmes les Français plus haut sur
« la côte ; ils allongeaient le pas, des quantités
« de blessés restaient derrière, les uns étendus
« sur la face, les autres assis et cherchant à se
« relever.

« Pour la seconde fois les Prussiens tirèrent,
« puis on entendit le cri terrible des Républi-
« cains : « A la baïonnette ! » Et toute la monta-
« gne se mit à pétiller comme un feu de char-
« bonnière où l'on donne un coup de pied. On
« ne se voyait plus, parce que le vent poussait
« la fumée sur nous, et l'on ne pouvait plus se

dire un mot à quatre pas, tant la fusillade,
« les hommes et le canon tonnaient et hurlaient
« ensemble. Sur les côtés, les chevaux de notre
« cavalerie hennissaient et voulaient partir ;
« ces animaux sont vraiment sauvages, ils ai-
« ment le danger, on avait mille peines à les
« retenir.

« De temps en temps il se faisait un trou dans
« la fumée, alors on voyait les Républicains
« cramponnés aux palissades comme une four-
« milière, les uns, à coup de crosse, essayaient
« de renverser les retranchements, d'autres
« cherchaient un passage ; les commandants à
« cheval, l'épée en l'air, animaient leurs hom-
« mes, et de l'autre côté les Prussiens lançaient
« des coups de baïonnette, lâchaient leurs fusils
« dans le tas, ou levaient des deux mains leurs

Enfin je vis l'oncle ; il était à cheval sur *Rappel*. (Page 83.)

grands refouloirs comme des massues pour assommer les gens. C'était effrayant! Une seconde après, un autre coup de vent couvrait tout, et l'on ne pouvait savoir comment cela finirait.

« Le général Hoche envoyait ses officiers l'un après l'autre porter de nouveaux ordres; ils partaient comme le vent dans la fumée, on aurait dit des ombres. Mais la bataille se prolongeait et les Républicains commençaient à reculer, quand le général descendit lui-même ventre à terre ; dix minutes après, le chant de *la Marseillaise* couvrait tout le tumulte, ceux qui avaient reculé revenaient à la charge.

La seconde attaque commença plus furieuse que la première. Les canons seuls tonnaient encore et renversaient des files d'hommes. Tous les Républicains s'avançaient en masse, Hoche au milieu d'eux. Nos batteries tiraient aussi sur les Prussiens. Ce qui se passa quand les Français furent encore une fois près des palissades est quelque chose d'impossible à décrire. Si le père Adam Schmitt avait été avec nous, il aurait vu ce qu'on peut appeler une terrible bataille. Les Prussiens montrèrent là qu'ils étaient les soldats du grand Frédéric; baïonnettes contre baïonnettes, tantôt les uns, tantôt les autres reculaient ou poussaient en avant.

« Mais ce qui décida la victoire pour les Républicains, ce fut l'arrivée de leur troisième colonne sur les hauteurs, à gauche des retranchements; elle avait tourné le Reeback

« et sortait du bois au pas de course. Alors il
« fallut bien quitter la partie; les Prussiens,
« pris des deux côtés à la fois, se retirèrent,
« abandonnant dix-huit pièces de canon, vingt-
« quatre caissons et leurs retranchements
« pleins de blessés et de morts. Ils se dirigèrent
« du côté de Wœrth, et nos dragons, nos hus-
« sards, qui ne se possédaient plus d'impa-
« tience, partirent enfin courbés sur leurs
« selles, comme un mur qui s'ébranle. Nous
« apprîmes le même soir qu'ils avaient fait
« douze cents prisonniers et remporté six ca-
« nons.

« Voilà, mes chers amis, ce qu'on appelle le
« combat de Wœrth et de Frœschwiller, dont
« la nouvelle a dû vous parvenir au moment
« où je vous écris, et qui restera toujours pré-
« sent à ma mémoire.

« Depuis ce moment, je n'ai rien vu de nou-
« veau ; mais que d'ouvrage nous avons eu !
« Jour et nuit il a fallu couper, trancher, am-
« puter, tirer des balles ; nos ambulances sont
« encombrées de blessés : c'est une chose bien
« triste.

« Cependant, le lendemain de la victoire,
« l'armée s'était portée en avant. Quatre jours
« après, nous avons appris que les conven-
« tionnels Lacoste et Baudot, ayant reconnu
« que la rivalité de Hoche et de Pichegru nui-
« sait aux intérêts de la République, avaient
« donné le commandement à Hoche tout seul,
« et que celui-ci, se voyant à la tête des deux
« armées du Rhin et de la Moselle, sans perdre
« une minute, en avait profité pour attaquer
« Wurmser sur les lignes de Wissembourg ;
« qu'il l'avait battu complétement au Gaisberg,
« de sorte qu'à cette heure, les Prussiens sont
« en retraite sur Mayence, les Autrichiens sur
« Gemersheim, et que le territoire de la Ré-
« publique est débarrassé de tous ses ennemis.

« Quant à moi, je suis maintenant à Wissem-
« bourg, accablé d'ouvrage; madame Thérèse,
« le petit Jean et les restes du 1er bataillon oc-
« cupent la place, et l'armée marche sur Lan-
« dau, dont l'heureuse délivrance fera l'admi-
« ration des siècles futurs.

« Bientôt, bientôt, mes chers amis, nous
« suivrons l'armée, nous passerons par Anstatt,
« couronnés des palmes de la victoire ; nous
« pourrons encore une fois vous serrer sur nos
« cœurs, et célébrer avec vous le triomphe de
« la justice et de la liberté.

« O chère liberté ! rallume dans nos âmes le
« feu sacré dont brûlèrent jadis tant de héros ;
« forme au milieu de nous des générations qui
« leur ressemblent ; que le cœur de tout ci-
« toyen tressaille à ta voix ; inspire le sage qui
« mérite ; porte l'homme courageux aux actions

« héroïques ; anime le guerrier d'un enthou-
« siasme sublime ; que les despotes qui divi-
« sent les nations pour les opprimer disparais-
« sent de ce monde, et que la sainte fraternité
« réunisse tous les peuples de la terre dans une
« même famille !

« Avec ces vœux et ces espérances, la bonne
« madame Thérèse, petit Jean et moi nous vous
« embrassons de cœur.

                    « JACOB WAGNER.

« P. S. — Petit Jean recommande à son ami
« Fritzel d'avoir bien soin de Scipio. »

La lettre de l'oncle Jacob nous remplit tous de
joie, et l'on peut s'imaginer avec quelle impatience nous attendîmes dès lors le 1er bataillon.

Cette époque de ma vie, quand j'y pense, me
produit l'effet d'une fête ; chaque jour nous
apprenions quelque chose de nouveau : après
l'occupation de Wissembourg, la levée du siége
de Landau, puis la prise de Lauterbourg, puis
celle de Kaiserslautern, puis l'occupation de
Spire, où les Français recueillirent un grand
butin, que Hoche fit transporter à Landau,
pour indemniser les habitants de leurs pertes.

Autant les gens du village avaient crié contre
nous, autant alors ils nous tenaient en vénération. Il était même question de mettre Koffel
du conseil municipal et de nommer le mauser
bourgmestre ; on ne savait pas pourquoi, car
personne jusqu'alors n'avait eu cette idée ; mais
le bruit commençait à se répandre que nous
allions redevenir Français, que nous avions été
Français quinze cents ans auparavant, et que
c'était une abomination de nous avoir tenus si
longtemps en esclavage.

Richter avait pris la fuite, sachant bien ce
qui l'attendait, et Joseph Spick ne sortait plus
de sa baraque.

Chaque jour, les gens de la grande rue regardaient sur la côte pour voir arriver les véritables défenseurs de la patrie; malheureusement
la plupart suivaient la route de Wissembourg
à Mayence, laissant Anstatt sur leur gauche,
dans la montagne ; on ne voyait passer que des
traînards, qui coupaient au court par la traverse du Bourgerwald. Cela nous désolait, et
nous finissions par croire que notre bataillon
n'arriverait jamais, lorsqu'une après-midi le
mauser entra tout essoufflé en criant :

« Les voilà... ce sont eux ! »

Il revenait des champs, la pioche sur l'épaule,
et de loin il avait vu sur la route une foule de
soldats. Tout le village savait déjà la nouvelle,
tout le monde sortait. Moi, ne me possédant
plus d'enthousiasme, je courus à la rencontre
de notre bataillon, avec Hans Aden et Frantz

Sépel, que je rencontrai sur la route. Il faisait du soleil, la neige fondait, les flaques de boue éclataient autour de nous comme des obus à chaque pas; mais nous n'y prenions pas garde, et durant une demi-heure nous ne cessâmes point de galoper. La moitié du village, hommes, femmes, enfants, nous suivaient en criant : « Ils arrivent!..... ils arrivent! » Les idées des gens changent d'une façon singulière, tout le monde était alors ami de la République.

Une fois sur la montée du Birkenwald, Hans Aden, Frantz Sépel et moi nous vîmes enfin notre bataillon qui s'approchait à mi-côte, le sac au dos, le fusil sur l'épaule, les officiers derrière les compagnies. Plus loin, sur le grand pont, défilaient les voitures. Tout cela s'avançait en sifflant, en causant, comme les soldats en route; l'un s'arrêtait pour allumer sa pipe, l'autre donnait un coup d'épaule pour relever son sac; on entendait des voix glapissantes, des éclats de rire, car les Français sont ainsi, quand ils marchent en troupe, il leur faut toujours des histoires et de joyeux propos pour entretenir leur bonne humeur.

Moi, dans cette foule je ne cherchais des yeux que l'oncle Jacob et madame Thérèse; il me fallut quelque temps pour les découvrir à la queue du bataillon. Enfin je vis l'oncle, il était derrière, à cheval sur *Rappel*. J'eus d'abord de la peine à le reconnaître, car il avait un grand chapeau républicain, un habit à revers rouges et un grand sabre à fourreau de fer; cela le changeait d'une façon incroyable, il paraissait beaucoup plus grand; mais je le reconnus tout de même, ainsi que madame Thérèse sur sa charrette couverte de toile, avec son même chapeau et sa même cravate; elle avait les joues roses et les yeux brillants; l'oncle chevauchait près d'elle, ils causaient ensemble.

Je reconnus aussi le petit Jean, que je n'avais vu qu'une fois; il marchait, un large baudrier orné de baguettes en travers de la poitrine, les bras couverts de galons, et son sabre ballottant derrière les jambes. Et le commandant, et le sergent Laflèche, et le capitaine que j'avais conduit dans notre grenier, et tous les soldats, oui, presque tous je les reconnaissais, il me semblait être dans une grande famille; et le drapeau couvert de toile cirée me faisait aussi plaisir à voir.

Je courais à travers tout le monde, Hans Aden et Frantz Sépel avaient déjà trouvé des camarades, moi, je marchais toujours, à rente pas de la charrette et j'allais appeler : « Oncle! oncle! » quand madame Thérèse, se penchant par hasard, s'écria d'une voix joyeuse: « Voici Scipio! »

Dans le même instant, Scipio, que j'avais oublié chez nous, tout effaré, tout crotté, sautait dans la voiture.

Aussitôt petit Jean s'écria :

« Scipio! »

Et le brave caniche, après avoir passé deux ou trois fois ses grosses moustaches sur les joues de madame Thérèse, bondit à terre et se mit à danser autour de petit Jean, aboyant, poussant des cris et se démenant comme un bienheureux.

Tout le bataillon l'appelait :

« Scipio, ici!... Scipio!... Scipio! »

L'oncle venait de m'apercevoir et me tendait les bras du haut de son cheval. Je m'accrochai à sa jambe, il me leva et m'embrassa; je sentis qu'il pleurait et cela m'attendrit. Il me tendit ensuite à madame Thérèse, qui m'attira dans sa charrette en me disant :

« Bonjour, Fritzel. »

Elle paraissait bien heureuse et m'embrassait les larmes aux yeux.

Presque aussitôt le mauser et Koffel arrivèrent, donnant des poignées de main à l'oncle; puis les autres gens du village, pêle-mêle avec les soldats, qui remettaient aux hommes leurs sacs et leurs fusils pour les porter en triomphe, et qui criaient aux femmes :

« Hé! la grosse mère!... La jolie fille... par ici... par ici! »

C'était une véritable confusion, tout le monde fraternisait, et au milieu de tout cela, c'était encore petit Jean et moi qui paraissions les plus heureux.

« Embrasse petit Jean, » me criait l'oncle.

— Embrasse Fritzel, » disait madame Thérèse à son frère.

Et nous nous embrassions, nous nous regardions émerveillés.

« Il me plaît, cria petit Jean, il a l'air bon enfant.

— Toi, tu me plais aussi, » lui dis-je, tout fier de parler en français.

Et nous marchions bras dessus bras dessous, tandis que l'oncle et madame Thérèse se souriaient l'un à l'autre.

Le commandant me tendit aussi la main en disant :

« Hé! docteur Wagner, voici votre défenseur. — Tu vas toujours bien, mon brave?

— Oui, commandant.

— A la bonne heure! »

C'est ainsi que nous arrivâmes aux premières maisons du village. Alors on s'arrêta quelques instants pour se mettre en ordre, petit Jean accrocha son tambour sur sa cuisse, et le commandant ayant crié : « En avant, marche! » les tambours retentirent.

Nous descendîmes la grande rue, marchant tous au pas et nous réjouissant d'une entrée si magnifique. Tous les vieux et les vieilles qui n'avaient pu sortir étaient aux fenêtres et se montraient l'oncle Jacob, qui s'avançait d'un air digne derrière le commandant entre ses deux aides. Je remarquai surtout le père Schmitt, debout à la porte de sa baraque; il redressait sa haute taille voûtée et nous regardait défiler avec un éclair dans l'œil.

Sur la place de la fontaine le commandant cria : « Halte! » On mit les fusils en faisceaux, et tout le monde se dispersa, les uns à droite, les autres à gauche; chaque bourgeois voulait avoir un soldat, tous voulaient se réjouir du triomphe de la République une et indivisible; mais ces Français, avec leurs mines joyeuses, suivaient de préférence les jolies filles.

Le commandant vint avec nous. La vieille Lisbeth était déjà sur la porte, ses longues mains levées au ciel, et criait :

« Ah! madame Thérèse... ah! monsieur le docteur!... »

Ce furent de nouveaux cris de joie, de nouvelles embrassades. Puis nous entrâmes, et le festin de jambon, d'andouilles et de grillades arrosées de vin blanc et de vieux bourgogne commença : Koffel, le mauser, le commandant, l'oncle, madame Thérèse, petit Jean et moi, je vous laisse à penser quelle table, quel appétit, quelle satisfaction !

Tout ce jour-là le 1ᵉʳ bataillon resta chez nous; puis il lui fallut poursuivre sa route, car ses quartiers d'hiver étaient à Hacmatt, à deux petites lieues d'Anstatt. L'oncle resta au village, il déposa son grand sabre et son grand chapeau; mais depuis ce moment jusqu'au printemps, il

ne se passa pas de jour qu'il ne fût en route pour Hacmatt : il ne pensait plus qu'à Hacmatt.

De temps en temps madame Thérèse venait aussi nous voir avec petit Jean ; nous riions, nous étions heureux, nous nous aimions!

Que vous dirai-je encore? Au printemps, quand commence à chanter l'alouette, un jour on apprit que le 1ᵉʳ bataillon allait partir pour la Vendée. Alors l'oncle, tout pâle, courut à l'écurie et monta sur son Rappel; il partit ventre à terre, la tête nue, ayant oublié de mettre son bonnet.

Que se passa-t-il à Hacmatt? Je n'en sais rien; mais ce qu'il y a de sûr, c'est que le lendemain l'oncle fier comme un roi, revint avec madame Thérèse et petit Jean, qu'il y eut grande noce chez nous, embrassades et réjouissances. Huit jours après, le commandant Duchêne arriva avec tous les capitaines du bataillon. Ce jour-là, les réjouissances furent encore plus grandes. Madame Thérèse et l'oncle se rendirent à la mairie, suivis d'une longue file de joyeux convives. Le mauser, qu'on avait nommé bourgmestre à l'élection populaire, nous attendait, son écharpe tricolore autour des reins. Il inscrivit l'oncle et madame Thérèse sur un gros registre, à la satisfaction universelle; et dès lors petit Jean eut un père, et moi j'eus une bonne mère, dont je ne puis me rappeler le souvenir sans répandre des larmes.

J'aurais encore bien des choses à vous dire... mais c'est assez pour une fois. Si le Seigneur Dieu le permet, un jour nous reprendrons cette histoire, qui finit, comme toutes les autres,— par des cheveux blancs et les derniers adieux de ceux qu'on aime le plus au monde.

FIN DE MADAME THÉRÈSE.

POURQUOI HUNEBOURG NE FUT PAS RENDU

ÉPISODE DE 1815

Le fort de Hunebourg, taillé dans le roc à la cime d'un pic escarpé, domine toute cette branche secondaire des Vosges qui sépare la Meurthe, la Moselle et la Bavière rhénane du bassin d'Alsace.

En 1815, le commandement de Hunebourg appartenait à Jean-Pierre Noël, ex-sergent-major aux fusiliers de la garde, amputé de la jambe gauche à Bautzen et décoré sur le champ de bataille.

Ce digne commandant était un homme de cinq pieds deux pouces. Il avait une jolie petite bedaine, de bonnes grosses lèvres sensuelles et de grands yeux gris pleins d'énergie.

Au moral, Jean-Pierre Noël aimait à rire. Il aimait aussi le bourgogne « pelure d'oignon, » le jambon et les andouilles cuites dans leur jus.

Ce digne commandant avait sous ses ordres une compagnie de vétérans, la plupart secs et maigres comme des râbles, portant de longues capotes grises et prisant du tabac de contrebande. On les voyait errer sur les remparts, regarder dans l'abîme, se dessécher au soleil; l'aspect du ciel bleu, de l'horizon bleu, ainsi que l'eau claire de la citerne, avaient imprimé sur leurs fronts le sceau d'une incurable mélancolie.

Telle était l'existence pleine de variété des habitants de Hunebourg, lorsque le 22 juin 1815, vers cinq heures de l'après-midi, le commandant Jean-Pierre donna tout à coup l'ordre de battre le rappel et de faire mettre la garnison sous les armes. Il descendit ensuite dans la cour de la caserne, son grand chapeau à cornes sur l'oreille, ses longues moustaches retroussées et la main droite dans son gilet.

« Mes enfants, s'écria-t-il en s'arrêtant devant le front de la compagnie, vous êtes dans le chemin de l'honneur et de la gloire. Allez toujours, et vous arriverez, c'est moi qui vous le prédis ! — Je reçois à l'instant du général Rapp, commandant le cinquième corps, une dépêche qui m'informe que soixante mille Russes, Autrichiens, Bavarois et Wurtembergeois, sous les ordres du généralissime prince de Schwartzenberg, viennent de franchir le Rhin à Op-

penheim. L'ennemi n'est plus qu'à trois journées de marche. Il paraît même que les cosaques ont déjà poussé des reconnaissances jusque dans nos montagnes : — Nous allons nous regarder dans le blanc des yeux !...

« Mes enfants, je compte sur vous, comme vous comptez sur moi. Nous ferons sauter la bicoque, plutôt que de nous rendre, cela va sans dire; mais en attendant il s'agit d'approvisionner la place. Pas de rations, pas de soldats... les moyens d'existence avant tout... c'est mon principe ! Sergent Fargès, vous allez vous rendre, avec trente hommes, dans tous les hameaux et villages des environs, à trois lieues du fort. Vous ferez main basse sur le bétail, sur les comestibles, sur toutes les substances liquides ou solides, capables de soutenir le moral de la garnison. Vous mettrez en réquisition toutes les charrettes, pour le transport des vivres, ainsi que les chevaux, les ânes, les bœufs. Si nous ne pouvons pas les nourrir, ils nous nourriront ! — Dès que le convoi sera formé, vous regagnerez la place, en suivant autant que possible les hauteurs. Vous chasserez devant vous le bétail avec ordre et discipline, ayant toujours bien soin qu'aucune bête ne s'écarte : ce serait autant de perdu. Si par hasard un tourbillon de cosaques cherche à vous envelopper, vous ne lâcherez pas prise... au contraire... une partie de l'escorte leur fera face, et l'autre poussera le troupeau sous les canons du fort. De cette manière, ceux d'entre vous qui seront tués, auront la consolation de penser que les autres se portent bien, et qu'ils conservent des vivres pour soutenir le siège. On admirera une conduite Je siècle en siècle, et la postérité dira d'eux : « Jacques, André, Joseph, étaient des braves !... »

Des cris frénétiques de : « Vive l'Empereur ! vive le commandant ! » accueillirent cette harangue. — Le tambour battit; Fargès tira majestueusement son sabre, fit ranger sa petite troupe en colonne et commanda le départ.

Les vétérans, pleins d'ardeur, partirent du pied gauche, et Jean-Pierre Noël, les bras croisés sur la poitrine et la jambe de bois en avant, les suivit du regard jusqu'à ce qu'ils eussent disparu derrière l'esplanade.

Après avoir gravi les pentes boisées du Homberg, qui dominent les trois villages de Hâzenbruck, de Véchenbach et de Rôsenvein, la petite troupe de Fargès avait fait halte sur le plateau de la Roche-Creuse. Il était environ neuf heures du soir. La lune commençait à poindre derrière les hautes sapinières. Fargès et le caporal Lombard, assis au pied d'un arbre, le fusil entre les jambes, discutaient leur plan d'attaque, lorsqu'une clameur confuse monta subitement des profondeurs de la vallée. Le sergent se leva tout surpris et regarda Lombard ; celui-ci, rapide comme la pensée, mit un genou à terre et colla son oreille contre le pied de l'arbre. A le voir, immobile au milieu des ténèbres, retenant son haleine pour saisir le moindre murmure, on eût dit un vieux loup à l'affût.

Cependant nul autre bruit que le vague frémissement du feuillage ne se faisant entendre, il allait se relever, quand un souffle de la brise apporta de nouveau du fond de la gorge le tumulte qu'ils avaient perçu d'abord, mais cette fois beaucoup plus distinct. C'était le roulement confus que produit la marche d'un troupeau, accompagné des sons champêtres d'une trompe d'écorce.

Le caporal se releva lentement ; un éclat de rire étouffé fendait sa bouche jusqu'aux oreilles, et ses yeux scintillaient dans l'ombre :

« Nous les tenons ! dit-il... hé ! hé ! hé ! nous les tenons !

—Qui ça ?

—Les paysans ! Ah ! les gueux ! ils se sauvent dans les bois avec leur bétail. On leur a donné l'éveil... Quelle chance !... Quelle chance !... »

Puis, sans autre commentaire, il se glissa presque à quatre pattes entre les broussailles. On vit les vétérans se dresser un à un, saisir leurs fusils et disparaître derrière les sapins. Les sentinelles imitèrent ce mouvement, et rien ne bougea plus dans le fourré.

La petite troupe se tenait cachée depuis un quart d'heure, lorsque deux montagnards parurent au fond des pâles clairières. Ils gravissaient le ravin à pas lents. Quand ils eurent atteint la roche plate, ils s'arrêtèrent pour respirer et reprendre la suite d'une conversation interrompue.

Le premier était grand et maigre ; il avait un immense parapluie sous le bras gauche, un tricorne posé sur l'occiput, et le profil d'un veau qui tette.

Le second, également coiffé d'un tricorne, faisait face à Lombard, et la lune éclairait en plein sa figure fine et astucieuse : son nez pointu, ses yeux vifs, ses lèvres sarcastiques tout l'ensemble de sa petite personne,

annonçaient quelque diplomate de village.

« Monsieur le maire, dit le petit homme au grand maigre, vous avez tort de vous chagriner. Votre place est à vous », Pétrus Schmitt ne l'aura pas !

—Ça dépend, Daniel, il pourra dire que j'ai emmené les bestiaux du village, pour empêcher la garnison d'avoir des vivres... et pour la faire périr de famine...

—Ah bah ! vous n'y êtes pas. Écoutez, monsieur le maire. Si le roi — ici le petit homme souleva son chapeau d'un geste respectueux— si notre bon roi revient, vous direz : « J'ai sauvé les bestiaux du village, pour que la garnison ne puisse pas les avoir, et qu'elle rende la place aux armées de notre bon roi Louis ! » Alors, monsieur le préfet dira : « Oh ! le brave homme... le brave homme... qui aime l'honneur de son vrai maître ! » On vous enverra la croix... voilà... c'est sûr !

—La croix, Daniel ?... la croix avec la pension ?

—Je crois bien... avec la pension...

—Oui... mais, balbutia le maire, si... si l'autre enfonce notre bon roi... notre vrai roi...

—Halte ! halte là, monsieur le maire ; il sera roi pour de vrai, s'il est le plus fort. Mais si notre grand empereur enfonce les ennemis de la patrie, eh bien, vous direz : « J'ai sauvé les bestiaux du village pour que les kaiserlicks, les Cosaques ne puissent pas les avoir !... » Alors le préfet du grand empereur—nouveau salut—dira : « Oh ! le bon maire... l'honnête citoyen... il faut lui envoyer la croix. » Et ça fait que vous aurez toujours la croix, et que nous garderons nos bestiaux.

—Tu as raison, Daniel, reprit le grand maigre d'un air convaincu. Pourquoi est-ce que je n'attraperais pas la croix tout comme un autre, puisque je sauve les bestiaux de la commune ?

—Pardieu, monsieur le maire, il y en a plus d'un qui ne l'a pas gagnée autant que vous. Et c'est le Schmitt qui sera vexé !...

—Hé ! hé ! hé ! il aura un bec comme ça, fit le maire, en appliquant la pomme de son parapluie au bout de son nez.

En ce moment, deux grands bœufs débouchèrent sous le dôme des sapinières ; ils marchaient de ce pas grave et solennel qui semble indiquer le sentiment de la force ; puis derrière eux arriva lentement une longue file de génisses, de vaches, de chèvres, mugissant, bêlant, nasillant ; et enfin, la moitié du village de Hâzenbruck, femmes, vieillards, petits enfants : les uns accroupis sur leurs vieux chevaux de labour, les autres à la mamelle, ou pendus à la robe de leur mère. Les pauvres gens avançaient clopin-clopant, ils paraissaient bien las, bien tristes; mais à la guerre comme à la guerre : on ne peut pas avoir toujours ses aises.

La troupe atteignit enfin le plateau. Il ne restait plus qu'un petit nombre de traînards dispersés sur la pente du ravin; c'était le moment de faire main basse. Fargès et Lombard échangèrent un coup d'œil dans l'ombre. Ils allaient donner le signal, lorsqu'un cri de détresse... un cri perçant vola de bouche en bouche jusqu'au sommet de la côte, et glaça d'épouvante toute la caravane :

« Les Cosaques!... les Cosaques!... »

Alors ce fut une scène étrange; Fargès s'élança derrière le rideau de feuillage pour distribuer de nouveaux ordres. On entendit le bruit sec et rapide des batteries, puis de ce côté tout rentra dans le silence.

Quant aux fugitifs, ils n'avaient pas bougé; immobiles, se regardant l'un l'autre la bouche béante, n'ayant ni la force de fuir, ni le courage de prendre une résolution, ils offraient l'image de la terreur.

Presque aussitôt Lombard reconnut aux environs le cri rauque des Cosaques; ils accouraient en tous sens, à travers taillis, halliers, broussailles. A les voir bondir au clair de lune, sur leurs petits chevaux bessarabiens, l'œil en feu, les naseaux fumants, la crinière hérissée, on les eût pris pour une bande de loups, affamés enveloppant leur proie. Les bœufs mugissaient, les femmes sanglotaient, les pauvres mères pressaient leurs enfants sur leur sein, et les Baskirs resserraient toujours le cercle de leurs évolutions, pour fondre sur ce groupe. Enfin, ils se massèrent et partirent en ligne, en poussant des hourras furieux. Tout à coup le sombre feuillage s'illumina comme d'un reflet de foudre, un feu de peloton étendit sa nappe rougeâtre sur le plateau, et la montagne parut frissonner de surprise! Quand la fumée de cette décharge se fut dissipée, on vit les Cosaques en déroute chercher à fuir dans la direction du Grauffhâl, mais là s'étendait une barrière de rochers infranchissables.

« En avant!... Pas de quartier!... » cria Fargès.

Les vétérans, animés par sa voix, se précipitèrent à la poursuite des fuyards. Le combat fut court. Acculés à la pointe du roc, les soldats de Platoff firent volte-face et chargèrent avec la furie du désespoir. Cinquante coups de lance et de baïonnette s'échangèrent en une seconde. Mais dans cet étroit espace, les Cosaques, ne pouvant faire manœuvrer leurs chevaux, furent bientôt écrasés. Un

seul résista jusqu'au bout. grand, maigre, à la face terne et cuivrée, véritable figure méphistophélique, il était recouvert de plusieurs peaux de mouton. Lombard en enlevait une à chaque coup de baïonnette.

« Canaille! murmurait-il, je finirai pourtant par t'attaquer le cuir... »

Il se trompait!... Le cosaque bondit au-dessus de sa tête, en lui assénant avec la crosse de son pistolet, un coup terrible sur la mâchoire. Le caporal cracha deux dents, arma son fusil, ajusta le Baskir et fit feu. Mais attendu que l'arme n'était pas chargée, l'autre disparut sain et sauf, en ayant encore l'air de se moquer de lui par un triple hourrah!

C'est ainsi que l'intrépide Lombard, après vingt-huit ans de service et trente campagnes, eut la mâchoire fortement ébranlée par un sauvage d'Ekatérinoslof, qui ne possédait pas même les premiers principes de la guerre.

« Sang de chien, dit-il avec rage, si je te tenais! »

Fargès, en raffermissant sa baïonnette toute gluante de sang, promena des regards étonnés autour du plateau; les habitants de Hazenbruck avaient disparu. Leurs bœufs erraient à l'aventure dans les halliers. Quelques chèvres grimpaient le long de la côte. Et sauf une vingtaine de cadavres étendus dans les bruyères, tout respirait le calme et les douceurs de la vie champêtre. Les vétérans eux-mêmes semblaient surpris de leur facile triomphe; car excepté Nicolas Rabeau, ancien tambour-major au 14ᵉ de ligne, prévôt d'armes, de danse et de grâces françaises, lequel avait eu la gloire d'être embroché par un cosaque et de rendre l'âme sur le champ d'honneur, à cette exception près, tous les autres en étaient quittes pour des horions.

« Ah çà! camarades, dit Fargès, ce grand pendard de cosaque qui vient de s'échapper, pourrait gâter nos affaires. Nos provisions sont complètes. Ce qu'il y a de plus simple, c'est de réunir le bétail et de gagner le fort, avant que l'ennemi ait eu le temps de nous barrer le passage. »

Tout le monde se mit aussitôt à l'œuvre, et, dix minutes après, la petite colonne, poussant devant elle le troupeau, reprenait le chemin de Hunebourg. Vers trois heures du matin, elle était sous le canon du fort.

On peut se figurer la satisfaction de Jean-Pierre Noël, lorsque ayant entendu crier les chaînes du pont-levis, et s'étant mis à sa fenêtre, en simple manches de chemise, il vit défiler toute la razzia... marchant « avec ordre et discipline » comme il avait eu soin de le recommander à Fargès.

Le caporal ajusta le Baskir et fit feu. (Page 87.)

Le caporal Lombard, gravement assis sur une vieille rosse à moitié grise, son grand chapeau à cornes sur l'oreille, et le fusil en sautoir, formait à lui seul l'arrière-garde de la colonne.

Le brave commandant ne se sentait plus de joie. Aussi lorsque trois jours plus tard l'archiduc Jean d'Autriche, à la tête d'un corps de six mille hommes, fit sommer la place de se rendre, avec menace de la bombarder et de la détruire de fond en comble en cas de refus, Jean-Pierre ne put s'empêcher de sourire. Il fit dresser un état de ses provisions de bouche, et l'adressa sous forme de réponse au général autrichien, ajoutant :

« Qu'il regrettait de ne pouvoir être agréable à Son Altesse ; mais qu'il était beaucoup trop gourmand, pour quitter une place si bien approvisionnée. Il priait *conséquemment* Son Altesse de vouloir bien l'excuser.... etc., etc.

« Quant à votre menace de bombarder la forteresse et de la détruire de fond en comble, disait-il en terminant, je m'en soucie comme du roi Dagobert ! »

L'archiduc Jean d'Autriche entendait très-bien le français.... Il avait, de plus, un faible pour la cuisine, et comprit les scrupules de Jean-Pierre. Aussi, dès le lendemain, il remonta tranquillement la vallée de la Zorne.... après avoir fait demi-tour à gauche !

Et voilà pourquoi Hunebourg ne fut pas rendu.

J. HETZEL et Cⁱᵉ, Éditeurs, 18, rue Jacob, Paris.

ŒUVRES ILLUSTRÉES DE VICTOR HUGO

LES MISÉRABLES. Édition illustrée par Brion. —
Prix relié 17 fr. — Toile 15 fr. — Broché........ 12 »

Romans :
Édition illustrée par Brion, Gavarni, Beaucé,
Gérard Seguin et Riou.

NOTRE-DAME. — Prix broché .... 4 »
HAN D'ISLANDE. — Prix broché................... 2 85
BUG-JARGAL. — Prix broché................... 1 35
DERNIER JOUR D'UN CONDAMNÉ. — CLAUDE
GUEUX. — Prix broché................... 1 15
Réunis en un volume grand in-8.—Prix relié 14 fr.
Toile 12 fr. — Broché................... 9 »

Théâtre :
Édition illustrée par Beaucé, Nanteuil et Riou.

CROMWELL................... 1 80
RUY-BLAS................... » 75
MARION DELORME................... » 75
MARIE TUDOR. — LA ESMERALDA................... » 75
HERNANI................... » 75
LE ROI S'AMUSE................... » 75
ANGELO................... » 75
LES BURGRAVES................... » 75
LUCRECE BORGIA................... » 60
Réunis en un volume gr. in-8. — Prix relié 11 fr. —
Toile 10 fr. — Broché................... 7 »

Poésies :
Édition illustrée par Beaucé, E. Lorsay et Gérard Seguin.

ODES ET BALLADES................... 1 80
VOIX INTÉRIEURES. — RAYONS ET OMBRES. 1 35
ORIENTALES................... » 75
FEUILLES D'AUTOMNE. — CHANTS DU CRÉ-
PUSCULE................... 1 35
Réunis en un volume grand in-8.—Prix relié 9 fr.—
Toile 7 fr. 50. — Broché................... 4 50
LES CHATIMENTS, illustrés par Th. Schuler, 10 c.
le numéro. 3 séries à 50 c. L'ouvrage complet.... 1 30

TRAVAILLEURS DE LA MER.Ed. ill. par Chif-
flart.—Gr. in-8.—Pr. rel. 8 fr.—Toile 6 fr. — Br. 4 »
Se vend aussi en trois séries à 1 fr. 20 et une à 60 c.

RHIN. Édition illustrée par Beaucé et Lancelot. —
Gr. in-8.— Prix rel. 9 fr.—Toile 7 fr. 50.— Br. 4 50

Œuvres poétiques elzéviriennes :
Sur papier vergé de Hollande, ornées par Froment.

ODES ET BALLADES................... 1 vol... 7 50
ORIENTALES................... 1 vol... 4 »
FEUILLES D'AUTOMNE................... 1 vol... 4 »
CHANTS DU CREPUSCULE................... 1 vol... 4 »
VOIX INTERIEURES................... 1 vol... 4 »
RAYONS ET OMBRES................... 1 vol... 4 »
CONTEMPLATIONS................... 2 vol... 15 »
LEGENDE DES SIECLES................... 1 vol... 7 50
CHANSONS DES RUES ET DES BOIS. 1 vol... 7 50

Volumes in-18, sans gravure, à 2 fr.
NAPOLÉON LE PETIT. 1 vol. in-18............. 2 »
LES CHATIMENTS. 1 vol. in-18............. 2 »

ŒUVRES ILLUSTRÉES DE JULES VERNE

Voyages extraordinaires couronnés par l'Académie française :

AVENTURES DU CAPITAINE HATTERAS. Édition illustrée par Riou. — 1 vol. grand in-8 relié
12 fr. — Toile 10 fr. — Broché................... 7 »
VOYAGE AU CENTRE DE LA TERRE. Ed. ill.
par Riou. — 1 vol. in-8, toile 7 fr. — Broché 4 »
CINQ SEMAINES EN BALLON, Édition illustrée
par Riou. — 1 vol. in-8, toile 7 fr. — Broché.. 4 »
Ces deux ouvrages sont réunis aussi en un seul volume gr. in-8; relié 12 fr.—Toile 10 fr.— Broché. 7 »
DE LA TERRE A LA LUNE. Édition illustrée par
de Montaut. — 1 vol. in-8, toile 7 fr. — Broché 4 »
AUTOUR DE LA LUNE. Ed. ill. par de Neuville
et E. Bayard. — 1 vol. in-8. — Toile 7 fr. — Br. 4 »
Ces deux ouvrages sont réunis aussi en un seul vol,
grand in-8. — Relié 12 fr. — Toile 10 fr — Br. 7 »
UNE VILLE FLOTTANTE. Édition illustrée par
Férat. — 1 vol. in-8. — Toile, 7 fr. — Broché... 4 »

AVENTURES DE 3 RUSSES ET DE 3 ANGLAIS.
Édition illustrée par Férat. — 1 vol. in-8. — Toile,
7 fr. — Broché................... 4 »
Ces deux ouvrages sont réunis aussi en un seul vol.
grand in-8. — Relié 12 fr. — Toile 10 fr. — Br. 7 »
LES ENFANTS DU CAPITAINE GRANT. Édition
illustrée par Riou. — 1 vol. gr. in-8, relié 14 fr. —
Toile 12 fr. — Broché................... 9 »
VINGT MILLE LIEUES SOUS LES MERS. Édition
illustrée par de Neuville. — 1 vol. gr. in-8,
relié 12 fr. — Toile 10 fr. — Broché................... 7 »
LE TOUR DU MONDE EN 80 JOURS. Édition
illustrée par de Neuville et Benett.—1 vol. in-8.
— Toile, 7 fr. — Broché................... 4 »
LE DOCTEUR OX. Édition illustrée par Schuler,
Bayard, Marie, Bertrand et Frœlich.—1 vol. in-8.
— Toile 7 fr. — Broché................... 4 »
Ces deux ouvrages sont réunis aussi en un seul vo-
lume grand in-8. — Relié 12 fr. — Toile 10 fr. —
Broché................... 7 »
LE PAYS DES FOURRURES. Édition illustrée
par Férat et de Beaurepaire. — 1 volume in-8. —
Relié 12 fr. — Toile 10 fr. — Broché................... 7 »
LE CHANCELLOR. Édition illustrée par Riou et
Férat. — 1 vol. in-8. — Toile 7 fr. — Broché.. 4 »
L'ILE MYSTÉRIEUSE. Édition illustrée par Férat.
— 1 vol. gr. in-8.—Rel. 14 fr.—Toile 12 fr.—Broché. 9 »
MICHEL STROGOFF. Illustrations par Férat. —
1 vol. gr. in-8.—Relié 12 fr.—Toile 10 fr.—Broché. 7 »
Tous ces ouvrages se vendent aussi en séries.

ŒUVRES ILLUSTRÉES D'ERCKMANN-CHATRIAN

Romans Nationaux :
Édition illustrée par Th. Schuler, Riou et Fuchs.

LE CONSCRIT DE 1813................... 1 40
MADAME THÉRÈSE................... 1 40
L'INVASION................... 1 60
WATERLOO................... 1 80
L'HOMME DU PEUPLE................... 1 70
LA GUERRE................... 1 40
LE BLOCUS................... 1 60
Ces 7 ouvrages réunis en 1 vol. grand in-8 :
Prix relié 15 fr. — Toile 13 fr. — Broché................... 10 »
Réunis en 2 vol. grand in-8 : Première par-
tie.— Le Conscrit. — Madame Thérèse. — L'Inva-
sion. — Waterloo. — Prix relié 10 fr.—Broché.. 5 50
Deuxième partie.—L'Homme du peuple.—La Guerre.
— Le Blocus. — Prix relié 9 fr. — Broché....... 4 50.

Romans Populaires :
Édition illustrée par Bayard, Benett, Gluck et
Th. Schuler.

MAITRE DANIEL ROCK................... 1 20
L'ILLUSTRE DOCTEUR MATHEUS................... 1 40
HUGUES LE LOUP................... 1 40
CONTES des BORDS DU RHIN................... 1 30
JOUEUR DE CLARINETTE................... 1 60
MAISON FORESTIERE................... 1 20
L'AMI FRITZ................... 1 50
LE JUIF POLONAIS................... 1 30
Ces 8 ouvrages réunis en 1 vol. grand in-8 :
Prix relié 15 fr. — Toile 13 fr. — Broché................... 10 »
Réunis en 2 vol. gr. in-8 : Première partie.—
Daniel Rock. — Mathéus. — Hugues le Loup.—
Contes des bords du Rhin.— Pr., rel., 9 fr.50.— Br. 5 »
Deuxième partie. — Joueur de clarinette. — Maison
forestière.—L'Ami Fritz.—Juif Polonais.—Prix :
relié 9 fr. 50. — Broché................... 5 »
HISTOIRE D'UN PAYSAN. Ed. ill. par Th. Schuler.
— 1 vol. in-8, relié 12 fr. — Toile 10 fr. — Br. 7 »
Cet ouvrage se vend aussi en séries : 2 séries à 1 fr.75.
1 série à 2 fr. et 1 série à 1 fr. 90.
HISTOIRE DU PLEBISCITE. Édition illustrée par
Th. Schuler. — Prix................... 2 »
HISTOIRE D'UN SOUS-MAITRE. Édition illustrée
par Th. Schuler. — Prix................... 1 30
LES DEUX FRERES. Ed. ill. par Th. Schuler. — Pr. 1 50
LE BRIGADIER FREDERIC. Édition illustrée par
Th. Schuler. — Prix................... 1 20
UNE CAMPAGNE EN KABYLIE. Édition illustrée
par Th. Schuler. — Prix................... 1 40
MAITRE GASPARD FIX. Ed. ill. par Schuler.— Pr. 2 »
Ces 6 ouvrages réunis en un seul volume grand
in-8 : Relié 14 fr. — Toile 12 fr. — Broché... 9 »

Paris. — Imp. Gauthier-Villars, 55, quai des Grands-Augustins.

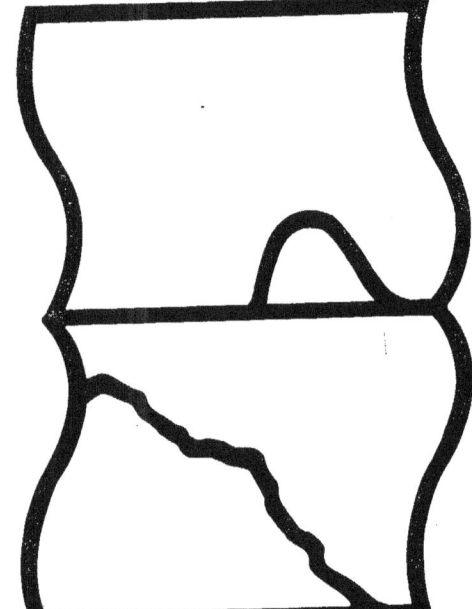

Texte détérioré — reliure défectueuse

NF Z 43-120-11

www.ingramcontent.com/pod-product-compliance
Lightning Source LLC
Chambersburg PA
CBHW060438260626
47161CB00005B/1981